JN189014

ここにしかない
原典最新研究による

本当の仏教

第3巻

お釈迦さまのインドでなぜ
今も差別がなくならないのか

鈴木隆泰
Suzuki Takayasu

興山舎
KOHZANSHA

ここにしかない
原典最新研究による

本当の仏教 第3巻

目次

装丁　長谷川葉月

凡例

一、原典からの翻訳個所や引用個所は《　》で囲んだ。
一、原典にない記述を筆者が補った個所は〔　〕で囲んだ。
一、キーとなる用語は〈　〉で囲んだ。
一、テキスト名は『　』で囲んだ。
一、パーリ語原典は、パーリ聖典協会（Pali Text Society）刊行のものを用いた。
一、原文がパーリ語であっても、カタカナ表記や原綴りは原則としてサンスクリットに基づいた。
一、巻末の「注」は原語表記を中心に付した。
一、本書の構成は、第1巻からいずれの巻も月刊『寺門興隆』および『月刊住職』における掲載順（講義順）を原則とする。

本書は『月刊住職』（興山舎刊）二〇一五年十月号から二〇一七年十一月号までの連載をもとに加筆、編集したものです。

□ はじめに

人間の行いを常に見つめる仏教の眼差し

「ありがとう」と「あたりまえ」

誰にとっても、自分のいのちや家族のいのち、総じて「自分を含め、自分にとって大切な人のいのち」は愛おしく、それが失われることはなによりの苦しみでしょう。[1] しかし生者必滅という〈真実〉が示しているように、何人たりとも「死」「生命の喪失」から永遠に免れることはできません。しかも死がいつ、どのようなかたちで訪れるかについても、凡夫[2]たるわれわれは意のままに決することはできません。

私たちは例外なく、いつか必ず死にます。それは数十年後かもしれませんし、あるいは今日、明日かもしれません。いずれにせよ「死の機縁」が熟したとき、私たちは確実に死ぬのです。「今、生きている」「今、生きていてくれている」のは、いつ発動してもおかしくない「死の機縁」が、凡夫には知り得ない何らかの理由で「今たまたま」熟していないに過ぎないのです。

奇跡とはめったに起きない神秘的なことをいいます。なぜ死の機縁がまだ熟していないのかは、凡夫には知り得ず、ただ如実知見[3]を完成させたブッダ[4]（覚者）にしか観ることのできない神秘です。そのように考えるとき、自分や大切な人が「今、生きている」「今、生きていてくれている」ことは、実は奇跡とも呼ぶべき素晴らしいことなのではないでしょうか。

日本人は古来、めったに起きない素晴らしいことに対し、感謝の気持ちを込めてこのように呼んできました。――ありがたい――と。「ありがたい」はもちろん、「有り難い」に由来します。

これをより口語的に表現すると「ありがとう」となります。自分や大切な人が「今、生きている」ことは、「生きていて嬉しい。生きていてくれてありがとう」と、本当は感謝の気持ちを持たなければならないほどに奇跡的な出来事なのです。

そうであるにも関わらず、私たちは普段、「今、生きている」「今、生きていてくれている」ことに感謝して「嬉しい。ありがとう」と実感することはほとんどありません。「今日あるいのちは明日もある」「今日生きているあの人は明日も生きている」と、何の根拠もないままに未来を予言します。しかしブッダでない者に未来の予言が適うはずもありません。それはもはや予言ではなく、「そうであってほしい」という幻想に過ぎないのです。しかし、人はそうした幻想を抱き、その中へのかりそめの安住を願ってしまいます。

その幻想の中では、「今、生きている」「今、生きていてくれている」ことはなんら特別なことではなく、感謝すべきものでもありません。それは、めったに起きなくて素晴らしい――有り難い――ことではなく、その対極にある、「当然」のこと、「あってあたりまえ」のことなのです。「今、生きている」のも、「今、生きていてくれている」のも、全てが幻想の中ではあたりまえとなってしまっているのです。

しかし死の機縁が熟し、大切な人も死ぬのだという〈真実〉に直面することで、それが儚い幻想であったことに、人は必ず気づかされます。そしてそのとき、人は「なぜああしてあげなかったのだろうか」と心の底から後悔します。そしてその後悔の念から、「そうだ。人は死ぬのだ。だからきちんと生きよう。きちんと向かい合おう。生きていること、生きていてくれていることは有り難いことなのだ」と、しばらくの間は〈真実〉の世界に生きることもできるでしょう。

しかし時が経つにつれ、「今、生きている」のも「今、生きていてくれている」のもあたりまえだという幻想の中の住人へと逆戻りし、そしてまたいつの日か同じ過ちに気づき、同じ後悔を繰り返し味わってしまうのです。

同じ過ちを犯す者を「愚か者」と呼ぶのだといいます。ではなぜ、人はそれほどまでに愚かなのでしょうか。

それは人は誰でも〈無明(むみょう)〉(5)という根元的な身勝手さを自らの内に抱え込んでいるから、と仏教は教えます。そしてこの無明を放っておくと、〈サンスカーラ〉(6)という形成作用が悪い方向に働き出し、〈真実の自己〉と乖離した〈幻想の中の自分〉を作り出してしまいます。(7)「大切な人々の死」は極めて不都合なものであるため、無明を放っておくとサンスカーラが悪い方向に働き出し、〈大切な人々の死をなかったことにする自分〉〈生きていること、生きていてくれていることをあたりまえだとする自分〉を作り出してしまうのです。これを〈縁起の順観〉(8)(9)といいます。

けれども一方で、無明を放っておかずに抑え込めば、(10)制御された善いサンスカーラが発動され、〈全てに感謝しながら生きる自分〉をも作り出せるのです。これを〈縁起の逆観〉(11)といいます。

仏道修行とはつまり、この縁起の逆観を実践することに他ならないのです。

サンスカーラは、善いものも悪いものもあるように一定していません。これを〈諸行無常（しょぎょうむじょう）〉[12]といいます。そして無明を抑え込むことは難しく、そのため、制御された善いサンスカーラを思い通りに発動させることは容易ではありません。これを〈一切皆苦（いっさいかいく）〉[13]といいます。幻想の中に〈真実の自己〉はありません。これを〈諸法無我（しょほうむが）〉[14]といいます。〈真実の自己〉に向かい合おうとするとき、人は〈生きていること、生きていてくれていることを有り難いと実感する自分〉でいられます。これを〈涅槃寂静（ねはんじゃくじょう）〉[15]といいます。無明を完全に抑えることはブッダにしか適わず、凡夫である私たちの無明に対する制御はあくまで一時的です。しかし、〈生きていること、生きていてくれていることを有り難いと実感する自分〉を作り出すとき、少なくともその瞬間だけは無明は抑えられ、善いサンスカーラが発動され、涅槃寂静の状態も短時間ながら実現されます。そしてその状態を常に保ち続けられるように成った人が〈ブッダ〉と呼ばれるのです。

あたりまえだと思って生きるのか、ありがとうと感謝しながら生きるのか、仏道修行は結局のところそこに始まり、そこに極まるのです。

殺人鬼の「生まれ変わり」

今は昔、インド、コーサラ国[16]の首府である舎衛城（しゃえいじょう）[17]に一人の連続殺人鬼がありました。[18]彼は、残虐にも、人を殺しては指を切り取り、その指で首飾りを作っていたことから、「アングリマーラ[19]」、日本語に訳せば「指で作った首飾りを懸けている男」と呼ばれ、人々に恐れられていました。コーサラ国の王である波斯匿[20]は軍勢を率いて、何度もアングリマーラを捕らえようとしましたが、まさに「神出鬼没」の彼を捕まえることができないでいました。夜な夜な出没する殺人鬼アングリマーラ。朝になると街には、指を一本切り取られた死体が転がっているのです。王の軍隊さえものともしない連続殺人鬼の凶行に、舎衛城の人々は恐怖しました。

そのようなある日、夕暮れの舎衛城を釈尊[21]が訪れました。舎衛城の人々の「行ってはいけません」という忠告にあえて耳を貸すことなく、アングリマーラが出没する街道へと歩みを進めた釈尊は、アングリマーラに命を狙われます。しかし神通力を用いて彼を何度も回避し続け、最後は〈諸行無常〉の教説をもって、ついに殺人鬼を教化することに成功しました。受戒して出家した彼は、「殺人鬼アングリマーラ」から「比丘[22]アングリマーラ」となることができたのです。

あるとき、アングリマーラが托鉢へと出向いた道すがら、路上で苦しむ一人の妊婦に出会いました。慈悲心を発した彼は、舎衛城郊外の祇園精舎[23]へと戻り、釈尊に事情を話し、妊婦とおなかの赤ちゃんを救う方法を問いました。すると釈尊は、次のようなことばをかけることで彼女らを救ってあげなさいと諭したのです。

《ご婦人よ、私は生まれてよりこのかた、いきものの生命を故意に奪ったことがない。この真実のことばの力によって、あなたとおなかの赤ちゃんに安穏あれかし》（『マッジマ・ニカーヤ[24]（中部経典）』第二巻、一〇三頁）

インドには古来、真実のことばには願いを叶える不思議が宿るという信仰があります。[25] 釈尊はその力を用いて女性を救えとアングリマーラに教誡したのです。けれどもかつて兇悪な殺人鬼であったアングリマーラにしてみれば、「生まれてよりこのかた、いきものの生命を故意に奪ったことがない」などとは言えず、「そのことばには力がなく、女性を救えません」と釈尊に訴えました。すると釈尊は、「では次のように言い換えよ」と再び諭しました。

《ご婦人よ、私は聖なる者として生まれ変わってよりこのかた、いきものの生命を故意に奪ったことがない。この真実のことばの力によって、あなたとおなかの赤ちゃんに安穏あれかし》（同）

果たして、アングリマーラがこのことばを女性にかけると、女性は無事に出産し、母子ともに安泰であったといいます。

このエピソードは取りも直さず、アングリマーラが釈尊の教化を受けて比丘になったことで、「生まれ変わっていた」のが真実であったことを示しています。そうなのです。インド一般では「生まれ変わり、輪廻転生[26]」といえば、物理的な生死（生まれることと死ぬこと）を経て初めて得られるものであるのに対して、〈諸行無常〉という理解に立脚する仏教では、その人のサンスカーラのありように応じて瞬間瞬間（刹那(せつな)(27)の間に）生まれ変わることができるのです。

遺族に罰せられたアングリマーラへの教誡

「殺人鬼アングリマーラ」から「聖者(しょうじゃ)アングリマーラ」へと生まれ変わった彼ですが、犠牲者遺族にとって、彼が憎むべき仇であることには変わりがありませんでした(28)。王が捕まえて処罰してくれれば、被害者の感情も多少は治まったかもしれません。しかしインドでは、出家者は世俗の法の適用外の存在であるため、王は何もしてくれません。そこで舎衛城に住む遺族たちの憎しみの念は、「私刑(リンチ)」というかたちでアングリマーラに降り懸ってきたのです。托鉢に赴いてきた彼を見かけるたびに人々は、来る日も来る日も土塊(つちくれ)や棒や小石を彼に向かって投げつけ、そのため、アングリマーラは頭を割られて血がしたたり落ち、托鉢用の鉢も壊され、そして大衣(だいえ)（外套マント）も引き裂かれてしまいました。そのようなアングリマーラに対して、釈尊は次のように教誡したのです。

《聖者よ、汝は忍受せよ。聖者よ、汝は耐え忍び受けとめよ。〔大量殺人という悪い〕行い（業）の報いとして、〔通常なら〕汝は何年も、何百年も、何千年もの間、地獄で苦しめられるところであったが、聖者よ、汝はその行いの報いを、現世において受けているのだ》（同、一〇四頁）

この教誡から、「現世で罰を受けることによる贖罪（しょくざい）を釈尊が積極的に認めていること」が分かります。すなわち、

・仏教には、今生で犯した罪は来世に持ち越すよりも、今生で清算した方がよい、という考え方が存在する

ということになります。これは犯罪者に対する刑罰、なにより「死刑」を巡る議論にも影響を及ぼすことになるでしょう。

死刑を凍結したり廃止したりしている国は、キリスト教文化圏に多くあります。それは、キリスト教では、人間は地上世界の平安を保つことに尽力すればよいという「天上の法と地上の法の峻別」、創造主は凶悪犯を死後に必ず罰してくれるという「創造主に対する全幅の信頼」、そして「犯人が死後に地獄で受ける永遠の責め苦」があるからこそ、どれほど被害者感情が強くとも、キリスト教社会では死刑制度を凍結したり廃止したりできるのです。

一方、仏教にはそのような創造主の観念はありません。くわえて、キリスト教やイスラームとは異なり、仏教における聖典（釈尊のことば。仏典）・仏法は、ブッダである釈尊が制定した掟ではなく、誰か一人の衆生でもよいから、その人を安心・安寧・涅槃へと導く救済手段（治療薬、処方箋）なのです。そのような治療薬の中に、「アングリマーラへの教誡」があることは、決して見逃すことのできない重要な事実です。この「アングリマーラへの教誡」において釈尊は、聖

者となったかつての殺人鬼アングリマーラに対し、現世において罰を受けることで長期間の堕地獄を免れることができるのだから、罰を受け容れなさいと諭していました。最も重い刑罰が死刑であることはいうまでもありません。ということは「重罪人の来世における堕地獄を防ぐため、今生において重い刑罰（場合によっては死刑）を与えることは、重罪人に対する慈悲である」と考えることはできないでしょうか。

このように申し上げると、「そのような考えは、無差別テロを起こしたかつてのオウム真理教(29)と変わらないではないか」という批判が起きるかもしれません。でも、どうか誤解なさらないでください。筆者の見解とオウム真理教との間には、決定的な違いがあります。それは、この講座であらかじめ確認しておいたように(30)、

> 宗教的真理・真実の及ぶ範囲は、その宗教の内部のみに限定され、その宗教外部の人々に対しては、その真理性・真実性は**適用されない、適用できない、適用しようとしてはならない**

という、重大な原則が存在することです。

オウム真理教は、自らの奉じる教えに基づいて、その教えを信奉して**いない**オウム真理教の外部の人々に対して「死刑」を実行しました。その行為はこの原則を完全に逸脱していますから、

彼らの行為はただの無差別テロであり、断じて「慈悲に基づく死刑」とはなり得ません。

筆者が申し上げているのは、「犯罪者自らが〝このままでは私は、自らの犯した重罪によって死後に地獄に堕ちてしまう。死刑を受けることでその罪を贖い、堕地獄を回避したい〟という〈宗教的真実〉をすでに受け容れているのであれば、その犯罪者に死刑を与えることが慈悲になり得る」という理念に他ならないのです。

前書・第2巻のこれまでの内容と本書・第3巻のこれからの焦点

ここで、前書すなわち第2巻の内容について、その要点のみを挙げると、以下のようになります。

・祇園精舎の寄進
・釈迦族の出家
・比丘尼サンガ（僧団）の成立
・殺人鬼アングリマーラの教化
・死後世界や霊魂を説くことの正当性

そして、釈尊を殺害しようとした提婆達多が登場し、

・提婆達多の叛逆

として、その前半を見てきました。

さて、この第3巻ではまず、「提婆達多の叛逆」を最後まで見てまいります。その後は、釈尊とコーサラ国王波斯匿との関係を中心として、布施の果報、四摂事、ヴェーダの宗教と仏教の違い、仏教以外の沙門の教えの四例を丹念に追ってまいりましょう。

1　釈尊の殺害を計画した
提婆達多とは何者か

第56講 破僧をいさめる釈尊の最後通牒に対する提婆達多の返答

提婆達多とは何者か

それではまず、「提婆達多（デーヴァダッタ）[1]」とは何者かを振り返ってみましょう。

釈迦族の一員であった提婆達多は、後に「多聞第一」や「天眼第一」として釈尊十大弟子に数えられる阿難（アーナンダ）[2]や阿那律（アニルッダ）[3]ら釈迦族の青年が出家する際に、一緒に出家し仏弟子となっていました。仏道修行の結果、世俗レベルの超能力（神通力）を手に入れた提婆達多は、その力を悪用してマガダ国の王子阿闍世（アジャータシャトゥル）[4]に取り入り、まんまと利養と恭敬を獲得することに成功しました。さらなる欲を発した提婆達多が「釈尊に代わって自分がサンガ（僧団）[5]の指導者となろう」と目論むと、その途端に神通力を失ってしまいました。ところが欲を捨てることのなかった提婆達多は、仏教教団の大外護者であるマガダ国王ビンビサーラ[6]も列席する場で、釈尊が高齢であることを強調し、比丘サンガの委譲（付嘱）を執拗に要求するに至りました。当然のように釈尊に叱責された提婆達多は、釈尊に対して害心を抱くようになり、阿闍世王子を「人の寿命は短く、そなたが王位に就く前に死ぬこともある。だから王を殺して今すぐに王位を奪え。私も釈尊を殺してサンガを奪おう」と唆（そそのか）しました[7]。提婆達多が神通力をすでに失っていることを知らなかった王子は、自分が王位を継ぐ前に死ぬ可能性があることを予言されたと早合点し、父王殺害を企てます。この企ては未遂に終わりますが[8]、自分を殺してまで王位を奪おうとした息子の意向を受けて、王は自ら退位し、王位を王子に譲ったのです。

一方、提婆達多は王となった阿闍世の家来を使い、釈尊を殺そうと画策します。ところがその家来は釈尊を殺害しようと近づくものの、釈尊の威徳・威光に打たれて目的を果たすことができず、かえって釈尊の教化（きょうけ）を受けて在家信者となってしまいました。人を使って釈尊を殺害することに失敗した提婆達多は、今度は自らの手で釈尊をなき者としようとします。釈尊が霊鷲山（りょうじゅせん）[9]の麓で瞑想修行を行っているとき、提婆達多は山の頂上から大岩を落とし、釈尊を押し潰そうとしました。すると、釈尊を守ろうと霊鷲山の峰々が合い寄って、落ちてくる大岩を受け止めたのです。しかし、せっかくの霊鷲山の守護も、受け止める際に飛び散った大岩のかけらまでは防ぎきれませんでした。飛び散ったかけらは釈尊の足を傷つけ、出血させてしまったのです。

仏教では、犯せば死後にたちまち無間地獄[10]に堕ちるとされる「五逆罪＝母を殺す、父を殺す、解脱を得た聖者を殺す、ブッダの身体から出血させる、和合しているサンガを分裂させる」があります。提婆達多はこのとき、釈尊の足から出血させたことで五逆罪を犯し、地獄行きが決定してしまったのです[11]。

二度にわたって釈尊殺害に失敗した提婆達多は、最後の企みとして、凶暴な殺人象を使って釈尊を踏みつぶそうとしました。ところが釈尊は、突進してくる殺人象を慈悲の力で包み込み、調御（調教）することに成功しました。鉤や鞭などを一切使わずに殺人象を調御したさまを見て、人々は釈尊に対する信順の気持ちを強くし、反対に提婆達多への利養と恭敬は減っていたのです。困った提婆達多とその一味[12]は、食事を得るために徒党を組んで在家者のもとへと押しかけて迷惑をかけ、そのために釈尊は、「在家者の家々で、三人以上の比丘が同時に食事を取ってはならない」という戒律条項（学処）を制定せざるを得ませんでした。窮した提婆達多は、後述する「五事」を主張することでサンガを分裂させ、より厳格な（ように見える）「五事」を持っている提婆達多のサンガの方が、釈尊のサンガより清浄であることを示し、それによって利養と恭敬を得ようとしました。先に触れたように、サンガを分裂させること（破僧[13]）は五逆罪の一つであり、犯すことは厳に慎まなければなりません。ただし、すでに五逆罪を犯して堕地獄が決定していた提婆達多を、もはや止めるものはありませんでした。提婆達多は釈尊に対して公然と「五事」を要求し、もって釈尊のサンガを破僧しようとしたのです。

王舎城の人々が釈尊を誤解したわけ

提婆達多が要求した「五事(14)」、すなわち、

(1)比丘は生涯、阿蘭若(15)住者であること
(2)比丘は生涯、乞食者であること
(3)比丘は生涯、糞掃衣者であること
(4)比丘は生涯、樹下坐者であること
(5)比丘は生涯、断肉者であること

これらの要求を、釈尊はそれらが、

・仏教の立脚点である〈諸行無常〉および仏教徒の歩みの根幹を規定する〈中道(16)〉と離叛しているから
・福田(17)としての出家者に対する在家者の布施を阻害するから

という理由で受け容れを拒否しました。

ところが、釈尊が拒否した「理由、背景」を理解できなかった提婆達多は「釈尊が、厳格な―実際には偏狭で排他的であるに過ぎないのですが―五事の受け容れを拒否した」という「表層的事実」に歓喜踊躍し、仲間と共に座より起ち上がって釈尊に敬礼し、そして右遶して後に立ち去りました。右遶(18)とは、尊崇対象に対して右肩を向け、対象の周囲を右回りに廻るという敬意

の表し方です。ここでも提婆達多は釈尊に対して、「敬礼」と「右遶」をもって重々の敬意を表しており、やはり、三度にわたって釈尊殺害計画を実行したことが露見している犯人のありようとはかけ離れています[19]。

次に提婆達多は仲間を引き連れ王舎城[20]へと赴き、人々に向かって演説しました。

《輩よ、我らは沙門ゴータマのもとへ赴いて、五事を要求した。―中略― しかし、沙門ゴータマはこれらの五事を拒否した。一方、我らはこれらの〔厳格な〕五事を護っていくのだぞ》（『ヴィナヤ・ピタカ[21]（律蔵）』第二巻、一九七頁）

第2巻第52講で見た記述と同様に、ここの「沙門ゴータマ」という表現からは、提婆達多が釈尊に対して敬意を払っておらず、「自分は釈尊の弟子である、仏弟子である」という自覚がなくなっていることが確認されます[22]。このように「提婆達多の破僧」を巡るストーリーには、どうにもちぐはぐな面が目立つのがお分かりいただけると思います。

王舎城の人々の中には、釈尊に対する信を持たない者もありました（同第53講）。その中で、凶暴な殺人象であるナーラーギリ[23]を釈尊が、棒きれや鞭などを全く用いずに調御（調教）したことを見て、釈尊に信順するようになった者たちもありましたが（同第54講）、それも全員ではなかったようです。いまだに釈尊に対する信を持たない者たちは、提婆達多の演説を聞いて次のように誤解してしまいました。

《実に、この〔提婆達多を始めとする〕釈迦族出身の沙門たちは頭陀行者（ずだぎょうじゃ）(24)（禁欲を中心とする清浄な仏道修行者）であり、厳粛な生活を送る者たちである。ところが、一方の沙門ゴータマは贅沢者であり、贅沢すること〔のみ〕を考えているのだ》（同）

このように、その人が〈諸行無常〉や〈中道〉を理解していない場合には、極端な修行こそが清廉で、正しい仏道修行（八正道＝中道）に見えてしまうこともあるのです。

日本のお坊さんたちの失敗とは？

かつてオウム真理教（現「Aleph」等）は数々の犯罪を起こし、多くの尊い人命を奪いました。一九九五（平成七）年三月に引き起こされた無差別テロである地下鉄サリン事件は、その悲しい代表例です。しかし以前は、オウム真理教を仏教の正統として好意的に評価する学者もありました。その代表として、『葬式は、要らない』（幻冬舎新書、二〇一〇年）の著者でもある島田裕巳（しまだひろみ）氏を挙げておきます。それに何よりも、オウム真理教の教義や修行に心酔してその門を叩く者たちが大勢いたという事実に、私たちは目を背けてはなりません。もし彼らが〈諸行無常〉や〈中道〉をきちんと理解していれば、オウム真理教を好意的に世間に紹介することもなく、また、入門者の数ももっと少なかったことでしょう。その結果、もしかすると無差別テロ事件も起きなかったかもしれません。では、なぜ彼らは〈諸行無常〉や〈中道〉をきちんと理解していなかったのでしょうか。答えは簡単です。「誰も彼らに教えてあげなかった」からです。では、誰が彼らに教える責任があったのでしょうか。これも答えは簡単です。「日本のお坊さんたち」です。筆者を含めた日本のお坊さんたちが、自らも〈諸行無常〉を理解し、〈中道〉を実践し、そして他の人たちにも教えてあげていれば、犯罪を未然に防ぐことができたかもしれないのです。当時の自らの無知と怠慢に対しては、悔やんでも悔やみきれません。ただ、過去を変えることはもはやできません。私たちにできるのは「過去」の失敗から学び、よりよい「未来」に向けて「ただの今」行動することだけです。筆者がこの「仏教文化基礎講座」を通して〈本当の仏教〉を提示し続けている理由の一つも、実はこのような文脈の上にあります。

提婆達多よ、実に破僧は重罪なり

王舎城には釈尊に対する信を持たず、提婆達多のことばを信じてしまう者もありましたが、反対に、釈尊を信頼し、浄信を抱き、賢く鋭敏な者もありました。彼らは提婆達多のことばを聞いて気分を害し、あしざまに語りました。

《一体全体、提婆達多の奴は、どうして世尊[25]のサンガ（僧団）を分裂させ（破僧し）、教えを分裂させようなどと企てるのか》（同、一九八頁）

サンガに属する比丘たちは、篤信の在家者たちが憤慨し、不満を洩らしているのを聞きつけ、釈尊にその旨を報告します。すると、第2巻第54講で見たのと同様に、釈尊は提婆達多を召し出して事の真偽を確かめます。釈尊が問います。

《汝、提婆達多がサンガを分裂させ、教えを分裂させようと企てているのは真実であるか》（同）

提婆達多が「世尊よ、真実でございます」と答えると、世尊は提婆達多に教誡を与えます。それは世尊の提婆達多に対する「最後通牒」とも呼べるものでした。

《止めよ、提婆達多よ。そなたは破僧を喜んではならない。提婆達多よ、実に破僧は重罪である。提婆達多よ、和合しているサンガ（和合僧）を分裂させる者は、一劫[26]の間続く罪過を生み出し、一劫の間、地獄で煮られる（釜茹でとなる）。その一方で、提婆達多よ、分裂しているサンガを和合させる者は清浄な福徳を生み出し、一劫の間、天界で快楽を享受するのである。〔だから〕止めよ、提婆達多よ。そなたは破僧を喜んではならない。提婆達多よ、実に破僧は重罪なのである》（同）

ところが、この最後の教誡も提婆達多には届きませんでした。翌朝、托鉢（乞食）のために王舎城に入ってきたアーナンダ（阿難）を見かけた提婆達多は、彼に近づいて次のように告げたのです。

《今や、同輩アーナンダよ、我は今日以降、世尊とは別に、〔すなわち、世尊を上首とする

現在の〕比丘サンガとは別に布薩を行うこととしよう。サンガの羯磨を行うこととしよう》（同）

それは紛うことなき、提婆達多による破僧の宣言でした。

在家者の布薩——六斎日と八斎戒

この、「提婆達多による破僧宣言」から大切なことが分かります。それは「何をもってサンガの分裂（破僧）と見なすのか」ということです。破僧は和合僧の対局にあるものですから、比丘たちの仲が悪くなったら破僧となるのでしょうか。それとも、奉じる教え・所依の経典が異なると破僧となるのでしょうか。いいえ。どちらもそうではありません。破僧とは、

布薩や羯磨を別々に行う状態

を指しているのです。

以下に、順を追って説明していきます。

布薩（サンスクリット＝ウパヴァーサ、ウポーシャダなど。パーリ語＝ウポーサタ[27]）には、出家者の布薩と在家者の布薩との二種類があります。

在家者は仏・法・僧の三宝への帰依を表明することによって在家の仏教徒（男性は優婆塞[28]、女性は優婆夷[29]）となります（第1巻第22講）。彼らは、終生にわたる三宝帰依とともに、「不殺生（殺さない）」「不偸盗（盗まない）」「不邪婬（自分の伴侶以外と性的関係を持たない）」「不妄語（嘘をつかない）」「不飲酒（お酒を飲まない）」という「五戒」の護持を誓います。

在家者の布薩とは月に六回（六斎日）サンガへと赴き聞法し、出家者を供養し、その一昼夜は通常の五戒ではなく、不邪婬を不婬（性的関係を一切持たない）に格上げしたうえで、新たに「歌舞音曲や装身具を遠ざける」「高いベッドや広いベッドに寝ない」「正午を過ぎて食事を取らない」という三つの戒を加えた「八斎戒」を護ることを指します。

ここで「戒」について説明しておきます。戒の原語はシーラ[30]といい、原義は「習慣、気質、性向」です。すなわち五戒とは、不殺生、不偸盗、不邪婬、不妄語、不飲酒という五つの徳目を習慣づけ、自らの気質、性向としていくことを意味しています。戒（シーラ）を破っても何の罰則もありません。戒は「習慣、気質、性向」だからです。戒を破って失うものは、「真実（サティヤ[31]）のことばの力」（同第7講）です。彼らは「私は在家仏教徒として五戒を護持するぞ」とあらかじめ誓っています。そして五戒を護っているかぎり、真実のことばの力は貯まり続けます。そしてその力を使って、現世における幸福や来世における生天を手に入れようとするのです。戒を破るとこの力を失いはしますが、別段「仏教徒失格だ」との烙印を押され、破門となることもありません。ただ、幸福や生天を獲得するための力が損減されるのみです。再び誓いなおして一から始めることもできます。

一方、出家者が護るのは戒ではなく律（ヴィナヤ）[32]です。戒と律を併せて「戒律」と呼ばれることもあるため、両者は混同されたり同一視されたりすることも多いのですが、厳密には戒と律とは別ものです。在家者の戒が違反しても罰則がないのに対し、出家者の律は、「出家者の護るべき義務、サンガの運営規則」であり、違反すると罰則があります。そのうち、最も重い罪が波羅夷罪[33]です。「不婬（異性同性動物を問わず一切の性的関係を持たない）」「不殺生（人を殺さない）」「不偸盗（他人の物を盗まない）」「不妄語（自分が覚っていないうちは、嘘をついて〝自分は覚った〟と言わない）」を破ると波羅夷となり、出家者としての資格を剥奪され、サンガから追放されます。

出家者の布薩――月二回は全員集合

月に六回サンガに詣で、八斎戒を護る在家者の布薩に対し、出家者の布薩とは、月に二回（新月と満月の日が標準）、サンガに所属する出家者全員（それが比丘サンガなら比丘全員。比丘尼サンガなら比丘尼全員）が一堂に会し、波羅提木叉（サンスクリット＝プラーティモークシャ。パーリ語＝パーティモッカ[34]。学処[35]を列記したもの）を詠み上げ、半月の間の自らの行為において、学処違反があったかなかったかを反省し、懺悔（さんげ）し、罪を浄化する儀式を指します。この布薩は全員参加が原則であり、所属する出家者が全員参加することは、そのサンガが分裂（破僧）しておらず和合していることの象徴にもなっています。

六斎日のうち、新月と満月の二日は出家者の布薩日と重なっています。ですから、その二日にサンガに詣でた在家者たちは、全出家者が集結して、サンガ全体で違反行為を懺悔し、罪を浄化していることを確認できるのです。それによって在家者には、「ああ、このサンガは浄化されて清浄であり、福田として問題ない」という安心感が与えられます。また出家者にも、「このサンガの清浄性を在家者に確認してもらい、福田として認知してもらえた」という安堵感がもたらされます。さらに、この二日は原則として出家者全員が揃っていますから、「この比丘の説法を聴きたい」「あの比丘尼に供養したい」という在家者の希望も叶えられやすくなります。

さて、これまで繰り返し、「月に二回行われる出家者の布薩の際には、サンガに所属する出家者全員が集う」と述べてきました。しかし実際問題として、そのようなことは実現可能なのでしょうか。

たとえば、イスラーム[36]（イスラム教）では「ハッジ[37]」と呼ばれる巡礼（大巡礼）が義務付けられており、ムスリム[38]（イスラーム教徒）は一生のうち少なくとも一回は、イスラーム暦（ヒジュラ暦）の第十二月（巡礼月）に、サウジアラビアにあるメッカ（マッカ[39]。イスラーム発祥の地）

に赴き、カアバ神殿[40]（イスラーム最高の聖地）をはじめとする聖地に詣でなくてはなりません。毎年巡礼月になると世界中からムスリムがメッカに集結するため、その時期は巡礼者以外のメッカ来訪を制限しているほどです[41]。毎年三百万人にも上るという大勢のムスリムの方々が集結します。よろしければニュース映像等でその模様をご確認ください[42]。人々の多さに、おそらく驚かれることと思います。

もちろん、ムスリム人口は現在十六億人を超えるといわれており[43]、キリスト教徒に次ぐ信徒数を誇っています。紀元前のインド仏教における出家者の数とは比べものにならないでしょう。しかし、世界四大文明の一つであるインダス文明[44]発祥の地であり、古来高度な都市文明を育み、人口を増やし続けてきたインド（二〇一七年現在で十三億三千九百万人[45]）における出家者の数が、紀元前とはいえそれほど少数であったはずがありません。実際、比丘の数は、釈尊が教化を開始してすぐに千人を超えています（同第25講）。また、釈尊はすでに解脱を得た比丘たちに「一人で各地に赴き、説法をして衆生利益を施せ」と教誡していました（同第23講）。広大な大地を擁するインド亜大陸です。そのインドの大地で、多くの出家者たちが各自それぞれの地域に赴いて説法をしています。そのような出家者たち全員が一堂に会するのは容易なことではありません。また、イスラームにおけるハッジは「一生のうち一回」でクリアされますが、布薩は月に二回もあります。インドの出家者たちは、どのようにして全員で集い、布薩を行っていたのでしょうか。

第57講 提婆達多の破僧に対する釈尊の嘆きとサンガの基本

四方サンガと現前サンガの違い

出家者の布薩（月二回行われる自省の集会）や羯磨(1)（重要案件を決定する会議や、祭式・授戒などの宗教行事）は、サンガに属する出家者の全員参加が基本です。しかし、インド各地にいる出家者が、最低でも布薩のために月に二回、羯磨が開かれることになればそれ以上の回数、一堂に会するのは現実的ではありません。実は、サンガには二種類の別があるのです。それは「四方サンガ(2)」と「現前サンガ(3)」です（第2巻第32講）。

四方サンガは、理念としての仏教者世界の総体です。世界中の仏教者は一人として例外なく、この四方サンガの一員なのです。四方サンガは、世界中の比丘、比丘尼、優婆塞、優婆夷より成っています。そうです。私たちも、そしてみなさんのお寺の檀家の方々も、この四方サンガに属しているのです。

このような四方サンガはあくまで理念的なものであり、布薩や羯磨という「現実」の行事を行う単位（ユニット）ではありません。

一方、出家者が布薩・羯磨を行う際の基本単位が、現前サンガなのです。

現前サンガは四人以上の出家者によって構成されます。ただし、比丘と比丘尼が混成することは許されません。[4]比丘の現前サンガは四人以上の比丘によって構成され、比丘尼の場合も同様です。また、どちらの場合も在家者は含まれません。現前サンガは、出家者が布薩・羯磨を行う際の現実的単位だからです。

現前サンガを作る際には、その現前サンガに属する出家者の行動する「地理的領域」を限定することが必要になります。

現前サンガは理念ではなく現実のものです。布薩・羯磨を行う際に、どこまでの場所で行動する出家者が参加するのかを具体的に決めておかなくては、「全員参加」がかないません。大岩、大樹、河川など、具体的な地理的目標を基準にして領域が確定されます。

この、現前サンガの構成員が行動する地理的領域のことを「界」といいます。漢字では同じ「界」でも、「娑婆世界」や「五蘊・十二処・十八界」や「法界」[5]で用いられる「界」と、現前サンガにおける「界」とは原語が違います。前者の原語はいずれも「ダートゥ」[6]であり、今回扱う後者の原語は「スィーマー」[7]といいます。そしてこのスィーマーとしての界を確定する行為を

「結界」と呼びます。日本では密教の影響もあり、「結界」や「結界を張る」というと通常は「神秘的なエネルギーを蓄えた聖なる空間。およびそのような空間を作る行為」を指しますが、元来の結界は、現前サンガの構成員が布薩・羯磨に全員参加するための、行動領域確定行為を指していたのです。

サンガが和合しているという条件

インド仏教の出家者は、何らかの現前サンガの一員として出家します。インド仏教の出家者には必ず、自分が属する現前サンガがあるのです。そして、その現前サンガにおいて布薩・羯磨が開かれるときは、属する出家者は全員集合して参加しなくてはなりません。この参加を怠ると、「布薩・羯磨にはサンガ所属の出家者が全員参加する」という基本が成り立たなくなりますから、その出家者はその現前サンガの一員ではいられなくなります。そして、もし他のどこの現前サンガもその出家者の受け容れを拒否したら、その人はもはや出家者ではいられなくなります。

このように、布薩・羯磨への参加は、その人をインド仏教の出家者たらしめるための、必須の要件の一つでもあったのです。

一方、布薩・羯磨へ必ず参加している限り、現前サンガに属する個々人が、普段どこにいようとも構いません。界は、「どこまでの範囲にいる出家者を布薩・羯磨の際に呼び寄せるか」を決定する現実的な領域です。ですから逆にいうと、布薩・羯磨へ必ず参加できるのであれば、普段は集団（サンガ）を離れて一人で住していても全く問題がないのです。

仏典中にある「村落住の比丘」や「阿蘭若住（あらんにゃ）(8)の比丘」などという記述を見ると、「二種の比丘は反目し合っていたのかな」と誤解をされる場合もあるようですが、両者の違いは「どちらに住している方が自分にとって修行しやすいか」、すなわち「どの修行の場の方が涅槃に至りやすいか」という〈中道（＝八正道）〉の考えに基づくものであって、両者の反目を示すものでは全くありません。村落住の比丘であれ、阿蘭若住の比丘であれ、両者が同一の現前サンガに属していれば、布薩・羯磨の際には必ず一堂に会して行事を行います。これが「サンガが和合している」ということの意味なのです。

インド仏教と東アジア仏教の違い

この「和合サンガ」の定義から、さらに興味深いことが分かります。それは、「現前サンガのメンバーは、どの教えに従って修行していてもよい」ということです。先に比丘の「住処」に関して、〈中道〉の考えに基づいて、「それが涅槃により至りやすいのであれば、布薩・羯磨に参加する限りは、普段はどこに住していても構わない」ことを見ました。これは「教え」に関しても同様にあてはまります。「それが涅槃により至りやすいのであれば、布薩・羯磨に参加する限りは、どの教え・経典に依拠して修行していても構わない」のです。

「日本仏教をはじめとする東アジア仏教において現前サンガの概念に比較的近いものは〝宗、宗派〟であろうか」と思われるかもしれません。ただ、「宗」ということばで明示されているように、「宗、宗派」は「何の教えをもって中心（宗）とするかによって区別されるグループ」です。たとえば、真言宗であれば『大日経』や『金剛頂経』を、浄土宗や浄土真宗であれば浄土三部経を、天台宗や日蓮宗であれば『法華経』を宗とするように、です。これら宗派の和合が乱れるのは、布薩・羯磨に全員が参加しなくなったときではなく、別の教え・経典を宗とする者たちが現れるときです。実際、東アジア仏教における宗派は、そのようにして成立し、分派してきました。そして今日見られるように、多様な宗派が形成されていったのです。

ではこの、インド仏教と東アジア仏教との差違はどこから生じたのでしょうか。

それは、拙著『葬式仏教正当論』第2章、および第1巻第21講で言及したように、インド仏教が律（行動規範・規則）中心であったのに対し、東アジア仏教が経（思想信条）中心であったからです。

律は、熱帯モンスーン地帯の南アジアにおける生活を前提として制定された、出家者の行動規範およびサンガの運営規則です。現前サンガの構成員は布薩・羯磨に全員参加しなければならないことも、律に規定されています。

一方、異なる気候帯に属する東アジアにおいては、仏教が伝来した当初より、南アジアの生活向けの律は遵守されなくなりました。くわえて、仏教伝来以前より儒家思想（儒教）や道家思想（老荘思想）という高度の思想体系を擁していた中国では、仏教が知識階級を中心に受容されていったこともあり、律よりも経に対する関心が圧倒的に高かったのです。そして、その中国仏教において、仏教史上初めて「宗派」が誕生しました。

インド仏教に宗派はありません。あるのは「部派（ぶは）」のみです（学派はあります）。そしてインド仏教における部派の違いは、律の違いに他なりません。インドでは律が異なると同一のサンガを形成できなくなります。なぜなら布薩において自省し合う際に、律が異なれば何が違反行為なのかも異なり、結果として布薩が成立しなくなってしまうからです。このようにして生じるのが、インド仏教における「破僧（サンガベーダ）」なのです(9)。

東アジア仏教における宗派は、インド仏教では現前サンガではなく部派に相当しているといえます。東アジア仏教では別の教え・経典を宗とする人が現れるとき、その宗派は破僧します(10)。一方のインドでは、規則を変えて別の律に従おうとする人が現れるとき、その部派は破僧します。このように、インド仏教は律中心であり、東アジア仏教は経中心というあり方が徹底されているのです。

別の「界」への移動と破僧の違い

話をインドの現前サンガにおける界に戻しましょう。現前サンガでは「構成員全員が布薩・羯磨に参加できる地理的範囲」をあらかじめ定め、その範囲・領域を現前サンガの「界」と呼ぶのでしたね。はい。界を設定する、すなわち結界する際には、誰がその現前サンガの構成員なのかをあらかじめ決定しておく必要があります。そうでなければ、彼らが布薩・羯磨に参加できる地理的範囲を、「現実的」に定めることができないからです。ただ面白いのは、構成員を確定しておくのは最初に結界するときだけであり、一旦、界が設定されれば構成員の移動は自由になります。当初、Aという現前サンガの構成員だった比丘が、後でBという別の現前サンガの構成員になることも問題ありません。

たとえば、遊行（ゆぎょう）（遍歴、放浪）生活をしている比丘があったとしましょう。彼は現前サンガAの所属でしたが現前サンガAの界からかなり遠い場所まで遊行してきてしまい、次の布薩までにAまで戻ることができないとしましょう。その際には、近くにある別の現前サンガBに加わり、Bで布薩に参加すればよいのです。サンガAとサンガBの違いはあくまで界の違いであり、律の違いではありません。そのサンガAの構成員が布薩・羯磨に全員参加できるようにするためには、自分の所属する現前サンガを、Bに変更すればよいのです。

これによってサンガA、Bともに和合が保たれることになります。

では提婆達多の場合はどうだったでしょうか。前講で見たように彼は、

《今や、同輩アーナンダよ、我は今日以降、世尊とは別に、〔すなわち、世尊を上首とする現在の〕比丘サンガとは別に布薩を行うこととしよう。サンガの羯磨を行うこととしよう》

（『ヴィナヤ・ピタカ』第二巻、一九八頁）

と宣言していました。現前サンガ間の移動は自由ですから、一見すると提婆達多の宣言も、単に和合しているサンガから別の和合サンガへと界を変えるだけのように思われるかもしれません。

しかし彼はこの宣言に先立って、

(1)比丘は生涯、阿蘭若住者であること

(2)比丘は生涯、乞食者であること

(3)比丘は生涯、糞掃衣者であること

(4)比丘は生涯、樹下坐者であること

(5)比丘は生涯、断肉者であること

という「五事」を主張し、律の条項（学処）の変更を釈尊に求めていましたね。そしてそれが受け容れられないとみるや、王舎城において人々に向かって、

《輩(ともがら)よ、我らは沙門ゴータマのもとへ赴いて、五事を要求した。―中略― しかし、沙門ゴータマはこれらの五事を拒否した。一方、我らはこれらの〔厳格な〕五事を護っていくのだ

ぞ》（同、一九七頁）

と演説していました。そうなのです。提婆達多の「布薩・羯磨を別に行う」との宣言は和合サンガ間の界から界への移動ではなく、「律」の条項が変更されたことに伴う、二度と一緒に布薩・羯磨が行えなくなる「破僧」の宣言となっていたのです。だからこそ、王舎城の住人で、釈尊に対して浄信を抱く者たちが、

《一体全体、提婆達多の奴は、どうして世尊のサンガを分裂させ（破僧し）、教えを分裂させようなどと企てるのか》（同、一九八頁）

と非難の声を上げたのです。

提婆達多に関する釈尊のウダーナ

釈尊は提婆達多を救おうと、彼に対して破僧の試みを止めるように、「最後通牒」を渡していました。

《止めよ、提婆達多よ。そなたは破僧を喜んではならない。提婆達多よ、実に破僧は重罪である。提婆達多よ、和合しているサンガを分裂させる者は、一劫の間続く罪過を生み出し、一劫の間、地獄で釜茹でとなる。―中略―　止めよ、提婆達多よ。―中略―　実に破僧は重罪なのである》（同）

しかし提婆達多は計画を中止することなく、自分が破僧を実行することを托鉢中のアーナンダ（阿難）に伝えました。それを聞いたアーナンダは釈尊のもとへと戻り、提婆達多が破僧の宣言をしたことを釈尊に伝えました。それを聞いた釈尊はそのとき、次のような「ウダーナ[11]」を唱えたといいます。

《善人が善をなすのはたやすく、悪人が善をなすのは難しい。悪人が悪をなすのはたやすく、聖者が悪をなすのは難しい》（同）

ウダーナは音写では「優陀那（うだな）」といい、「詠嘆の詩」などと訳されます。釈尊の教説には通常「対告衆（たいごうしゅ）」と呼ばれる「聞き手」が存在し、多くの場合、その対告衆向けの治療薬・処方箋を釈尊は教示します。仏教における教え（所説の法[12]）は、涅槃・無上菩提という真理（所証の法[13]）そのものではなく、それぞれの人を、その人に応じて涅槃・無上菩提へと向かわせる個別の真実の救済手段です。ですから仏典を読ませていただく際には常に、その教説の対告衆が誰なのかに注意する必要があるわけです。ところが中には、釈尊が特定の対告衆を意識せず、自らの喜びや嘆きによって自発的に説いた教説もあります。それがウダーナなのです。

〈諸行無常〉に立脚する仏教では、善人や悪人や聖者を固定化しません。〈善い行いをする自分〉を形成するサンスカーラを発動させている人が善人であり、〈悪い行いをする自分〉を形成するサンスカーラを発動させている人が悪人であり、そして、〈聖なる行いをする自分〉を形成するサンスカーラを発動させている人が聖者です。

「サンスカーラを制御できている善人や聖者が〈悪い行いをする自分〉を形成するサンスカーラを発動させることは難しく、また、サンスカーラが制御できていない悪人が〈善い行いをする自分〉を形成するサンスカーラを発動させることもまた難しいのだ」と、釈尊は提婆達多のことを嘆きつつ、自ら証得した〈諸行無常〉の正しさを再確認していたのでしょう。

第58講
提婆達多に従った五百人の比丘を救った舎利弗と目連

比丘五百人によって分裂したサンガ

それは次の布薩(ふさつ)日のことでした。布薩日ですから当然、その現前サンガに所属する全ての比丘が集まっています。その、全員集合した比丘たちに向かって、提婆達多は呼びかけました。

《輩(ともがら)よ、我らは沙門ゴータマのもとへ赴いて、五事を要求した。―中略― しかし、沙門ゴータマはこれらの五事を拒否した。一方、我らはこれらの〔厳格な〕五事を護っていくのだぞ。これらの五事を認める尊者の方は、どうか籌(ちゅう)をお取りください》(『ヴィナヤ・ピタカ』第二巻、一九九頁)

籌(サンスクリット=シャラーカー。パーリ語=サラーカー(1))とは、木製の細長い棒で、サンガ内で行われる行事の出席者数や、決議の賛成者・反対者数の確認のために用いられます。今回の例では、置いてある籌を取りあげた比丘が、提婆達多の提案を受け入れたことになります。この呼びかけを受け、ヴァイシャーリー市[2]のヴァリジ族[3]出身であった新参の比丘五百人は「これこそ法だ。これこそ律だ。これこそ師匠の教えだ」と思い、籌を取ってしまいました。この時点で原典は、

《そのとき、提婆達多はサンガを破し（破僧をなし）、五百人の比丘を率いて〔ガヤーの〕象頭山（ぞうずせん）へと去っていった》（同）

と記しています。そうです。この時点でついにサンガは分裂（サンガベーダ）したのです。釈尊を上首とするサンガは破僧してしまったのです。律の内容を変えることを宣言した上で、籌を使って賛成者が決定した瞬間に、サンガは破僧したのです。では、なぜ彼ら五百人の比丘は提婆達多の律変更案に賛成してしまったのでしょうか。原典には「新参で、正しいことを見抜く力がなかったから」（同）と記されています。確かに本巻第56講で見たように、王舎城に住む在家者のうち、釈尊に対する信を持たない者たちは、提婆達多の律条項変更に関する演説を聞いて、

《実にこの〔提婆達多をはじめとする〕釈迦族出身の沙門たちは清浄な仏道修行者であり、厳粛な生活を送る者たちである。ところが一方の沙門ゴータマは贅沢者である》（同、一九七頁）

と勘違いしてしまいました。しかし今回誤解したのは比丘です。提婆達多のようなごく一部の例外を除き、比丘は釈尊に信順し、釈尊を崇拝しています。だからこそ、仏教の沙門として出家

したのです。そのような比丘が「まだ未熟だったから」という理由だけで、釈尊のもとを去ったりするでしょうか。実は筆者は、原文の「新参で、正しいことを見抜く力がなかったから」に、「単に未熟で判断力がなかったから」以上の意味が隠されていると考えています。そして隠された意味を解く鍵は、先の提婆達多の比丘たちに対する呼びかけの中に潜んでいるのです。

提婆達多の呼びかけに潜む鍵とは

はい。鍵は呼びかけの最後の「これらの五事を認める尊者の方は、どうか籌をお取りください」の部分です。五事を認める比丘を「尊者」であるとし、「お取りください」と敬語表現まで使っています。そうです。提婆達多は五事が認められるよう媚び諂っているのです。ここで「尊者」と訳出したことばの原語は、サンスクリットでは「アーユシュマット」[4]といい、原義は「寿命を持つ者」とされ、そのため「具寿」と漢訳されることもあります。ただし比丘サンガでは、その人が長寿であるからとか、あるいは長寿であることを願ってとかいう理由で、敬うべき尊者を、「アーユシュマット」と呼んでいるのではありません。比丘サンガにおいて「アーユシュマット」と呼ばれる尊者は「自分より法臘が長い、上座（上席）の比丘」なのです。第2巻第33講で見たように、インドにおいてサンガ内の序列は出家してからの期間（法臘）によって決定されます。法臘の長い比丘は法臘の短い比丘から「尊者（アーユシュマット）」として敬われ、坐る場所も上席となり、何事においても優先されます。たとえどれほど自分が年長であっても法臘のより長い年少の比丘に対しては、尊者であるとして敬意を払わなければなりません。法臘が長いことをサンスクリットでは「スタヴィラ」、パーリ語では「テーラ」といい[5]、これが「テーラヴァーダ・ブッディズム[6]（上座仏教）」という呼称のもとになっているのです。

するとおかしなことになりますね。籌を取った五百人は、全員が出家して間もない、法臘が最も短いと考えられる新参の比丘たちでした。通常の状態であれば、彼らは他の全ての比丘を尊者として敬いこそすれ、他の比丘から尊者として敬われることはありません。彼らは誰からも「尊者」として扱われたことがないのです。そのような彼らにとって「尊者」と呼ばれることは、一種の憧れだったのではないでしょうか。だからこそ、まだ誰が籌を取るか分かっていない段階で、提婆達多は籌を取る人を「尊者」と呼び、尊者と呼ばれることに憧れを抱いていた新参の比丘の心の隙を突いたのではないかと思うのです。悪しきものは、それが自らの内側にある無明であれ、外側にある提婆達多のような比丘であれ、必ず私たちの心の隙を突いてきます。結局、問題は私たちの内にあるのです。「不放逸（放っておかないこと）[7]」を肝要とする仏道修行においては、常に自らの隙に注意を払い（正念(しょうねん)[8]してマインドフルな状態を保ち）、悪しきものに付け入る隙を与えないことが求められるのです。

象頭山へと向かった舎利弗と目連

舎利弗（舎利子、シャーリプトラ）[9]と目連（大目犍連、マハーマウドガルヤーヤナ）[10]の二人は、提婆達多が破僧を行い、五百人の新参比丘を率いて象頭山へと去っていったことを釈尊に伝えました。釈尊の、

《舎利弗らよ、そなたらは彼ら新参の比丘たちに対して慈悲の心を発しなさい。行け、舎利弗らよ。かの比丘たちが悪行の咎による不幸に陥る前に》（同、一九九頁）

との教誡を受け、彼らに対する慈悲心を発した二人は「かしこまりました」と返答し、釈尊に敬礼し右遶した後に象頭山へと向かいました。

すると、釈尊の近くにいた一人の比丘が泣いているではありませんか。釈尊が理由を問うと、その比丘は、

《舎利弗さまと目連さまは世尊の最第一のお弟子さまだというのに、そのお二人でさえ提婆達多の説く法を喜び、提婆達多のもとへと向かっているからです》（同）

と答えました。そこで釈尊は、二人が提婆達多の法を喜ぶ道理も余地もなく、ただ彼らは比丘たちを説得しに行ったに過ぎないことを伝え、安心させたのです。

本講座では繰り返し、「サンガ内での序列は、法臘によって決定される」とお伝えしてきました。これは紛れもなくその通りで、たとえば比丘サンガが在家者による食事の供養を受けるとき

などは、最も法臘の長い、最上座に坐した比丘が最初に給仕を受けます。そして法臘の順に徐々に下がっていき、新参の比丘が最後に給仕を受けるのです。これがサンガ内での「序列」です。

ただし、サンガ内では法臘に基づく「序列」とは別に、その比丘の修行の度合いに応じた「立派さ」の違いもあったのです。法臘に基づいた「序列」は、あくまでその比丘の「優先順位、席順」を決定するためのもので、必ずしもその比丘の「立派さ、能力」を証明するものではありません。釈尊に弟子入りする以前から沙門として修行を続けており、仏弟子となってからも修行に勤しみ、ついに「智慧第一の舎利弗」、「神通第一の目連」と並び称されるようになった二人は、他の比丘からはまさしく「釈尊の片腕同士」と見なされていたのです。

舎利弗と目連が表した「敬意」のわけ

そのとき、提婆達多は、象頭山で五百人もの新参の比丘たちに囲まれて、説法しながら坐していました。遠くから舎利弗と目連の「二大巨頭」が近づいてくるのに気づいた彼は、比丘たちに告げます。

《見よ、比丘たちよ。私の説く教えがどれほど善く説かれたもの（善説[11]、仏説）であるかを。舎利弗と目連は沙門ゴータマの最第一の弟子だというのに、その二人でさえ私の説く法を喜び、私のもとへとやって来るではないか》（同）

提婆達多が自慢げに語ったこの発言から、彼自身も、舎利弗と目連が釈尊の最第一の弟子であると認めていることが分かります。そしてその「二大巨頭」が相揃って釈尊のもとを去り、自分の教えを喜んでいると勘違いした彼は、自分の教えが「善説」、すなわち「仏説」に他ならないと声高に主張しているのです。

拙著『葬式仏教正当論』第4章で詳しく論じたように、仏教という宗教においては、釈尊が説いたから仏説（ブッダのことば）となるのではなく、悩み苦しむ人を救うことのできる教説（これを「善く説かれたもの、善説」といいます）であれば、その教説は誰が説こうとも仏説であると認められます。この考えは初期仏典の随所に見られますが（第2巻第35、36講）、最も端的に表されているものの一つが『アングッタラ・ニカーヤ[12]（増支部経典）』第四巻の教説です。

《何であれ善く説かれたものであれば、それは全て釈尊のことばである》（一六四頁）

破僧をなし、堕地獄の決定した「大罪人」である提婆達多も、このことはきちんと承知していました。だからこそ、先の自慢げな発言が生まれてきたのです。ただ、それが大きな勘違いであることはいうまでもありません。舎利弗と目連は比丘たちの救出のために来たのであって、提婆達多の教えが善説であるからではないからです。提婆達多と行動を共にしていたコーカーリカ[13]は二人がやって来たことを怪しみ、両名を信用するなと提婆達多に告げますが、二人の来訪がよほど嬉しかったとみえて、彼はコーカーリカの忠告を受け入れません。提婆達多は半座を分かち、隣りに並んで坐る（並坐する）ようにと舎利弗を招き入れました。ところが舎利弗はその申し出を辞退し、提婆達多と対面して坐しました。目連も同様です。

第2巻第55講で見たように「対面して坐す」（「一隅に坐す」とも）とは、上座（一般的には「かみざ」と読みますが、仏教的には「じょうざ」です）に坐す相手に対面して坐すわけですから、自らが下座に坐して敬意を表する行為なのです。もし同等の者同士であれば、対面ではなく、並んで坐します。そのことを「半座を分かつ」というのでしたね。法臘という「元のサンガ内の序列」でも自分より上位にあり、修行の度合いという「立派さ」でも自分より高位にある二人に対して、提婆達多は「自分と同等だ、対等だ」という意識を持って半座を分かとうとしたのです。提婆達多の増上慢[14]（未だ得ていないのに得たと思い、驕り高ぶるさま）が改めて確認できます。舎利弗と目連は、その増上慢を逆手にとって利用しました。本来なら自分たちが上座に坐ってしかるべきなのに、あえて下座に坐り、提婆達多に対して「釈尊に対するのと同等の敬意」を表したのです。

舎利弗と目連による五百人の比丘の救出

二人から「釈尊に対するのと同等の敬意」を払われて、提婆達多は相当気をよくしたようです。その晩遅くに提婆達多は新参の比丘たちのために法を説いて教示し、導き、鼓舞し、喜ばせていたのですが、自分が疲れてきてしまったため、自分の代わりを務めるよう舎利弗に依頼したのです。

《舎利弗よ、〔この新しい〕比丘サンガはすでにどんよりとした眠気を克服している。舎利弗よ、どうか比丘たちのために法を説いてもらいたい。私は背中が痛い。私は〔横になって〕背中を伸ばしたいのだ》（『ヴィナヤ・ピタカ』第二巻、二〇〇頁）

実はこれは、以前に釈尊が説法に疲れたとき、舎利弗に対して行った依頼と全く同じなのです。舎利弗が、どれほど釈尊に信頼されていたかがよく分かりますね。提婆達多はその様子を見聞きしていたのでしょう。「自分の説法は善説であり、仏説だ。自分はブッダである沙門ゴータマと同等以上だ。その証拠に、奴の最第一の弟子である舎利弗と目連が奴のもとを去って私のもとへと馳せ参じ、私に奴に対するのと同等の敬意を払っているではないか」という増上慢を抱いた提婆達多は、疲労した際の説法の代行依頼までも、釈尊の「猿真似」をしたのです。

舎利弗が依頼に応じたため、彼は安心し、外套マントである僧伽梨（サンガーティー）(15)を四つに畳むと、右脇を下にして横になりました。慣れないことをして疲れ切っていたのでしょう。提婆達多はあっという間に眠りに落ちてしまいました。

舎利弗と目連はこのときを待っていました。智慧第一の舎利弗は説示を中心とする教誡をもって、そして神通第一の目連は神通力を中心とする教誡をもって、眠気を克服した比丘たちを導き諭しました。説示と神通による二人の教導・教誡を受けた比丘たちには、〈諸行無常〉という真実を見る清らかな眼（法眼（ほうげん）[16]）が生じました。それを確認した舎利弗は、彼らに告げます。

《輩よ、私たちは世尊のみもとへと赴こうではありませんか。釈尊の法を喜ぶ者は〔一緒に〕来てください》（同）

先の提婆達多の呼びかけにおける「どうか籌をお取りください」と同様、ここでも「来てください」という敬語表現は使われています。ただ、比丘たちに諂（へつら）い「尊者」と呼ぶような姿勢は、ここでは微塵も感じられません。新参の比丘たちから見れば「大尊者」であり、しかも釈尊の最第一の弟子である舎利弗と目連が、媚びることも諂うことも、はたまた強制的に命じることもなく、彼らの目線に寄り添って丁寧な口調で話しかけてくれたのです。清浄な法眼が生じていたこともあり、もはや彼らの取るべき道は明らかでした。彼ら五百人の比丘たち全員が舎利弗と目連に伴われ、釈尊の住する王舎城郊外の竹林精舎[17]へと赴いたのです。そうです。五百人の比丘たちは、彼ら二人によって提婆達多の敷いた邪（よこしま）な道から救出されたのです。

第59講 比丘五百人を救い出した舎利弗と目連に釈尊はどう応えたか

口から熱血を吐き出した提婆達多

五百人の新参の比丘たちは、自分たちを「尊者（上座(じょうざ)の者）」として扱う提婆達多の諂(へつら)いに惑わされ、彼の破僧（サンガベーダ）に加担してしまいました。

「釈尊の片腕同士」である舎利弗と目連は、「今ならまだ、悪行の咎(とが)による不幸に陥る前に助けられる」との釈尊の教誡を受け、五百人の新参比丘に対する慈悲の心を発し、彼らの救出に向かいました。提婆達多が釈尊の「猿真似」をし、比丘たちへの説法を舎利弗たちに委ねて眠りに落ちた隙を窺い、二人は比丘たちを教導し、彼ら全員の救出に成功しました。しかもそれだけではありません。二人は説法を通じて、五百人の比丘たちに〈諸行無常〉という真実を見る清らかな眼も生じさせていました。

このように、智慧第一の舎利弗と神通第一の目連が二人揃えば、釈尊にも劣らないほどの衆生教化・衆生済度が可能だったのです。彼らが「釈尊の弟子中で最第一の二人」であることにも、十分頷けるというものです。

舎利弗と目連が比丘たちを教導し、全員を釈尊のもとへと連れ帰ったことに気づいたコーカーリカ（提婆達多の一味）は、寝呆けている提婆達多を起こします。

《起きろ、提婆達多よ。舎利弗と目連がかの比丘たちを連れて行ってしまったぞ。提婆達多よ、俺は〝舎利弗と目連を信用するな〟と忠告したではないか》（『ヴィナヤ・ピタカ』第二巻、二〇〇頁）

そのとき提婆達多は、口から熱い血を吐き出したということです。同様のことが以前にもありましたね。そうです。サンジャヤの弟子であった舎利弗と目連が、彼のもとを去り釈尊の弟子になったときです（第1巻第28講）。そのときにはサンジャヤの弟子二百五十人全員も舎利弗と目連に付き従い、結局、サンジャヤは自らの教団を一瞬にして失いました。彼は怒りと失意の余り、口から熱い血を吐き出しました。「口から熱い血を吐き出す」という描写が、大いなる怒りや失意のインド文学的表現であるとしても、両ケースとも舎利弗と目連が深く関わっていることには、やはり注目せざるを得ません。彼らが「釈尊の弟子中で最第一の二人」であることには、このような背景もあったのでしょう。

破僧未遂罪に対する罰則とは何か

五百人の「提婆達多の破僧に従った元弟子たち」を引き連れて釈尊のもとへと至った舎利弗と目連は、彼らを再び弟子として迎え入れてくれるよう、釈尊に懇請します。ところが釈尊はその申し出を却下しました。その意図は何だったのでしょうか。舎利弗と釈尊の対話を辿ってみましょう。

《尊師よ、願わくは破僧に付き従った比丘たちに、再び具足戒をお授けください》（同、二〇一頁）

《止めよ、舎利弗よ、そなたは破僧に付き従った比丘たちに対する、再度の具足戒授与を願ってはならない。〔彼らはまだ破門になってはいないの〕だから、舎利弗よ、そなたは破僧に付き従った比丘たちに〝重罪の未遂罪〟を犯したことに対する懺悔（さんげ）をさせなさい》（同）

はい、そうなのです。釈尊が彼らに具足戒を授けることを拒絶した理由は、彼らを弟子として迎え入れることを拒否したためではなく、彼らがもともと「弟子失格になっていなかったから」なのです。だからこそ釈尊は前講で舎利弗と目連に、

《舎利弗らよ、そなたらは彼ら新参の比丘たちに対して慈悲の心を発しなさい。行け、舎利弗らよ。かの比丘たちが悪行の咎による不幸に陥る前に》（同、一九九頁）

と教誡し、彼らを連れ戻しに行かせたのです。

引用文中で「重罪の未遂罪」と訳したことばの原語は、サンスクリットで「ストゥーラーティヤヤ」、パーリ語で「トゥッラッチャヤ」といいます。(1)

これは「ストゥーラ(2)（大きい、大規模な、粗い）」と「アティヤヤ(3)（違反、罪過）」との合成語(4)であり、漢訳の際には意味を取って「粗罪、麁罪」とされたり、音を取って「偸蘭遮」とされます。教団追放になる「波羅夷」や、一定期間比丘としての資格が停止される「僧残」という重罪の未遂罪に対して、この偸蘭遮の罰則が適用されます。実際には、サンガ内で罪の告白（懺悔）をすることが求められます。

破僧を唱導した提婆達多は五逆罪を犯した者として、一劫の間の堕地獄が決定していました（本巻第57講）。しかし、彼に付き従った者たちはそうではなかったことになります。彼らは舎利弗と目連に教導され、釈尊のもとへと戻って来たからです。これは破僧の罪が、「三度誡められても破僧を止めようとしなかった場合」と定義されていることによります（僧残法第十条）。このことが、破僧を止めなかった提婆達多やコーカーリカたち（破僧実行）と、戻って来た五百人の比丘たち（破僧未遂）との大きな違いとなったのです。

巨象と幼象の譬喩にこめられた教え

五百人の新参比丘たちを救出するという任務を無事に果たし終えた舎利弗と目連に対し、釈尊は提婆達多が舎利弗に対し、どのように振る舞ったかを尋ねました。舎利弗が「釈尊がかつて夜分に説法して疲れた際に、私に代理を頼んだことを模倣して、新参比丘五百人に法を説いていた提婆達多は、疲れたので横になりたいということで、私に説法の代理を頼みました」と答えると、釈尊は次のような譬喩を挙げて比丘たちに教誡しました。当然その中には、今帰ってきたばかりの五百人の新参比丘たちも入っています。

《比丘たちよ、昔々、人里離れた所（阿蘭若）に大きな池があり、象たちはその大池を依りどころとして暮らしていた。かれら〔のうち、大人の象〕はその大池に入って、鼻を使って蓮の若芽を引き抜くと、よく洗って泥を落とし、噛んで飲み下していた。それゆえ、かれらは血色がよく力に満ち溢れ、そのため、死んだり、致死性の苦しみを受けることがなかった。しかし比丘たちよ、かの大人の象たちの真似をした幼い若象たちは、その大池に入って、鼻を使って蓮の若芽を引き抜いてはみたものの、よく洗わずに泥の付いたまま、噛んで飲み下した。それゆえ、かれらは血色も悪くなって衰弱し、そのため、死んだり、致死性の苦しみを受けることとなったのである。

比丘たちよ、まさにこれと同じく、哀れな提婆達多は、私の真似をしながら命終していくであろう》（同、二〇一頁）

この譬喩では釈尊が大人の象に、提婆達多がその真似をする幼い若象に喩えられています。若象は大人の象の模倣をするも、もともとその能力がなかったため単なる「猿真似」になってしまい、そのことによってかえって自分の身を害してしまいました。提婆達多も若象と同様に、自分にはその能力がそなわっていないのに無理に釈尊の模倣をして比丘たちに説法をしたことで、かえって疲労困憊してしまい、さらには、一度は引き入れた新参比丘たちも、全員がもとの釈尊のサンガに連れ戻されてしまいました。身の丈に合わないことをした提婆達多の「自業自得振り」が際立つエピソードでした。

ただ、譬喩の文脈を尊重するならば、釈尊と提婆達多の違いは「大人の象」か「幼い若象」かの違いであり、確かに成長の度合いには差があろうとも、どちらも「象」であることにかわりはありません。しかも、幼い若象は成長すれば、将来は大人の象になることもできるでしょう。〈諸行無常〉に立脚する仏教では、人と人の「本質的差違、永遠の差違」を認めません。なぜなら〈その人を形成するサンスカーラ〉の発動され方が変化すれば、〈その人のありよう〉も当然変化するからです。提婆達多も釈尊のもとで修行を続ければ、いつかは「大人の象」になれたかもしれません。ですが彼は「幼い若象」でありながら、成長する前に大人の真似事をしました。それが提婆達多の大きな過ちの一つだったのです。自分のもとで大人になるまで修行することなく、幼子のままで大人の真似事をして自らを傷つけた提婆達多を、釈尊は「哀れな提婆達多」と憐れんでいました。それはまさしく、よかれと願う親の思いを知らず、無理に大人ぶって自分を傷つけてしまった我が子を不憫に思う、「父親の嘆き」だったのです。

釈尊の模倣をしてはいけないのか

提婆達多は「幼子」だったにも関わらず、「大人」である釈尊の模倣を無理にしようとして、自らを害してしまいました。ただ、ここで私たちが確認しておくべきは、

> 仏教徒とは、釈尊に信順し、釈尊を規範となし、そして釈尊を模倣する人々の総称に他ならない

という大前提があることです。これは初転法輪において釈尊が、自分は中道を実践して成仏したことを述べた後、五比丘に対してその中道を八正道として示した上で、その実践を要請していることからも明らかですし（第1巻第16〜19講）、より端的には、釈尊の弟子たちに向けた次のことばを挙げることができます[5]。

《比丘たちよ、私は正しく思念し、正しく勤め励んだので、無上の解脱に到達し、無上の解脱を目の当たりに覚った。そなたたちも正しく思念し、正しく勤め励むことで、〔私と同じく〕無上の解脱に到達し、無上の解脱を目の当たりに覚ってもらいたい》（『ヴィナヤ・ピ

タカ』第一巻、二二頁)

　このように、仏教徒は釈尊を規範とし、その行動を模倣していきます。確かに、その模倣は釈尊がまだ成仏していない間、すなわち菩薩[6]であったときの模倣であることが大部分かもしれません。実際、大乗仏教徒は自らが菩薩であるとの自覚を持ち、菩薩時代のかつての釈尊を模倣して成仏を目指します。ただし釈尊は阿羅漢果(解脱)を得た弟子たちに、自分の代わりに説法をするようにも要請しています[7]。

《比丘たちよ、私は、天界・人間界の一切の束縛から自由となった。そなたたちも同じく、〔阿羅漢果を得て〕天界・人間界の一切の束縛から自由となった。歩み出せ、多くの人々の利益のために、多くの人々の安楽のために、世間の人々に対する哀愍(あいみん)のために、天・人の利益と安楽のために。

　二人してともに行ってはならない。比丘たちよ、初めも善であり、中ほども善であり、終わりも善であり、内容も文言もそなわった教えを説示せよ。〔そして、そなたたちが〕完全で純潔な清らかな修行をしていることを明らかに示すのだ》(同、二〇〜二一頁)

　提婆達多と彼らとの差はどこにあったのでしょうか。ここに挙げた資料を見る限りでは、その差は阿羅漢果を得ていたかどうか、すなわち、「自利」を完成させていたかどうかに帰することができると思われるかもしれません。確かに提婆達多は阿羅漢果をまだ得ておらず、自利を完成させていませんでした。では仏教では説法を通した利他行は、自利を完成させた後でしか実践することができないのでしょうか。いいえ。決してそうではありません。実は、釈尊は先の象の譬喩に続いて、阿羅漢果を得たかどうかとは関係なく、どのような弟子が自分の代わりに説法する能力があるのかを示しているのです。

《比丘たちよ、八つの支分（徳目）をそなえた比丘は〔私の〕代わりを果たすことができる。八つとは何かといえば、比丘たちよ、ここに、よく聞き、よく説き、よく学び、よく受持し、よく理解し、よく理解させ、ためになるものとためにならないもの〔を知ること〕に巧みで、そして争論をしない比丘がいたとしよう。比丘たちよ、これらの八つの支分をそなえた比丘が、〔私の〕代わりを果たすことができるのである》（『ヴィナヤ・ピタカ』第二巻、二〇一頁）

そして釈尊は、舎利弗がこのような比丘であったからこそ、かつて舎利弗に自分の代わりを頼んだのだと説明しました。

そしてこれは舎利弗だけに限りません。私たちも、

⑴仏法を聞くこと
⑵仏法を説くこと
⑶仏法を学ぶこと

(4)学んだ仏法を忘れないこと

(5)学んだ仏法を咀嚼すること

(6)自分が学び理解した仏法を他人にも理解させること

(7)助けになるものとならないものとを峻別すること

(8)他人と言い争いをして打ち負かそうとしないこと

これら八つの徳目を十分に修習（しゅじゅう）することで、菩薩であったときの釈尊のみならず、ブッダと成った後の釈尊の代わりを果たし、説法を通した衆生済度の利他行を実践することができるのです。

入滅後もなぜ釈尊は永遠に存在し続けるのか

釈尊は重ねてこのことを伝えるため、次の偈を説きました。

《暴言を吐く集団のもとに往っても、怯えることなく、ことばを失うことなく、教えを隠すことなく、明瞭に説き、〔無礼に〕問われても怒ることがない。実にそのような比丘は、〔私の代わりに〕使命を果たすことができるのである》（同、二〇二頁）

「歴史的人格」としての釈尊は、紀元前にインド東北部で活躍し、八十歳で入滅したと伝えられています。すなわち「釈尊の肉体としての存在」は、この入滅をもって一旦は終焉を迎えたのです（実際は、釈尊の遺骨を収めた仏塔〔ストゥーパ[8]、卒塔婆〕が、入滅後も釈尊の「肉身（にくしん）・色（しき）

身[9]として存在し続けていたのですが、この点については、釈尊の入滅を見ていく際に詳しく説明させていただきます）。しかし、説法を通して衆生を利益するという「釈尊のハタラキ」は、釈尊の入滅後も引き続きこの世に存在し続けました。衆生を利益する「釈尊のハタラキ」が現存し続けるかぎり、衆生救済業をなす釈尊は永遠にこの世に存在し続けることになります。これが仏教における「永遠の釈尊」の観念の基本の一つなのです。だからこそ、釈尊の入滅後も「衆生を済度する釈尊のことば」である経典の制作は継続され、いずれ「大乗経典」という膨大な経典群を生み出すことになっていくのです。

2　提婆達多は本当に大悪人だったのか

第60講
仏教はすべての欲を捨てて生きることを勧める宗教ではない

仏教徒とは、釈尊に信順し、釈尊を規範となし、そして釈尊を模倣する人々の総称でしたね。私たち仏教徒は「成仏する前の釈尊（＝菩薩）」を模倣して、自らも覚り・成仏を目指して菩薩行を実践することはもちろんですが、

大乗経典は紛れもなく仏説である

⑴仏法を聞くこと
⑵仏法を説くこと
⑶仏法を学ぶこと
⑷学んだ仏法を忘れないこと
⑸学んだ仏法を咀嚼すること
⑹自分が学び理解した仏法を他人にも理解させること

(7)助けになるものとならないものとを峻別すること

(8)他人と言い争いをして打ち負かそうとしないこと

これらの八つの徳目をそなえることによって、「成仏した後の釈尊」をも模倣して人々を利益し、「釈尊のハタラキ」をこの世にあらしめ続けなければなりません。「永遠の釈尊」の観念は大乗仏教の創作ではありません。仏教において釈尊は、初期仏典の段階からすでに永遠だったのです。大乗仏教は決して新しい仏教なのではありません。初期仏典において表明されている「永遠の釈尊」を忘れ、「釈尊のハタラキ」をあらしめることを止めてしまった「小乗仏教」を批判し、もう一度〈本来の仏教〉に戻そうとしたのが、大乗仏教なのです。大乗仏教は、その登場こそ後代かもしれませんが、紛れもなく〈本来の、本当の仏教〉なのです。大乗経典は、紛れもなく「仏説」なのです。

釈尊が授記した提婆達多の堕地獄

凡夫は無明[1]という根元的身勝手さの制御（滅、ニローダ[2]）が完全ではないため、サンスカーラ[3]を放逸に（無軌道に）悪しき方向へと発動し、〈真実の自己〉と乖離した〈偽りの自分〉を形成してしまいます。そのような〈偽りの自分〉が対象を身勝手に把握しようとするわけですから、そこで把握された対象が〈真実〉であることはあり得ません。一方、無明の滅を現証した釈尊は

〈真実の自己〉を回復していますので、対象をそのままに、対象をあるがままに見ることができます。釈尊をはじめ、無明の滅を証得した諸仏がそなえるこの能力を、「如実知見(4)」といいます。

大乗経典に限らず仏典には、諸仏が衆生の未来を予言する記述があります。これら諸仏による予言のことを「授記(5)」といいます。諸仏が授記できるのは、諸仏が如実知見をそなえているため、衆生のことをそのままに、あるがままに見ることができるからです。授記といえば「成仏の授記」、すなわち、その衆生がいつ、どのように成仏するかの予言が一般的ですが、次のような「堕地獄の授記」も存在します。提婆達多のことを如実知見した釈尊は、彼の堕地獄を予言しました。

《比丘たちよ、八つの邪法に制圧され、心が囚われた提婆達多は、悪趣である地獄へと堕ち、一劫の間は救い出すことはできない。八つ〔の邪法〕とは何か。比丘たちよ、提婆達多は、(1)利得、(2)不利得、(3)名声、(4)不名誉、(5)優遇、(6)冷遇、(7)悪欲、(8)悪知識気質〔の八つの邪法〕に制圧され、心が囚われているため、悪趣である地獄へと堕ち、一劫の間は救い出すことができないのである》(『ヴィナヤ・ピタカ』第二巻、二〇二頁)

「劫」は古代インドにおける時間の単位の一つで、サンスクリットの「カルパ」や、パーリ語の「カッパ」などに相当する語の音写です(6)。その長さは現在の時間に換算すると、四十三億年を超えるといわれており、「その時には地球の寿命自体も尽きているのではないか」と批判的に見る向きもあります。しかし、地獄の場所がこの地球上のどこかに「物理的に特定」されたわけではありませんし、そもそも「宗教的世界観」と「科学的世界観」が同一である必要はありません。宗教と科学は、役割が違うからです（第1巻第6講）。

ともあれ、「文化理解、人間理解」を目指している私たちは、要らぬ〝ツッコミ〟を入れるよりも、「古代のインド人は〝劫〟という概念で、とてつもなく長い期間を表現しようとしていたのだ」という「彼らの想い」を理解するようにしましょう。釈尊は、提婆達多がこれらの八邪法に制圧されているため、一劫という非常に長い期間にわたり、地獄から救出することができないと授記したのです。

仏教が説く本当の「少欲知足」とは

これら「八邪法」について見ていきましょう。まず、⑴と⑵、⑶と⑷、⑸と⑹は、それぞれ対をなしているのがお分かりになると思います。人は得てして「私はたくさんの収入を得たぞ」「私はたったこれしか収入が得られなかった」「私はこんなにも名声を得たぞ」「私ってなんでこんなに不名誉なんだろう」「私はすごく優遇されているんだぞ」「なんで私を冷遇するんだ」と、得るものが多ければ多いで高慢になり、少なければ少ないで卑屈になります。ここで肝心な点は、多いにせよ少ないにせよ、常に「他の誰かと比べている」ということです。たとえば10の量の収入を得た人があったとしましょう。もし彼が邪法に制圧されているならば、5の量の収入を得た他の人を見れば「俺はたくさんの収入を得たぞ」と高慢になり、20の量の収入を得た人を見れば「俺はたったこれしか収入が得られなかった」と卑屈になるでしょう。では、いったいどれほどの収入があれば、その人は満足するのでしょうか。いいえ。その人が「他の誰かと比べている」うちは、決して満足することはありません。

今は⑴と⑵だけを例に挙げましたが、⑶と⑷、⑸と⑹でも全く同様です。他者との比較からは「真の満足」は決して得られないのです。⑺の「悪欲」とは、そのような「誰か他の人と比べて満足を得よう」という誤った欲のことを指していると考えてよいと思います。

仏教では一般的に「欲」は滅せられるべきものと考えられています。「少欲知足」といわれる所以（ゆえん）もここにあります。ただしこのことは「一切の欲を捨て去ること」を意味しません。「欲」を滅することとは「一切の欲を捨て去ること」ではありません。「滅（ニローダ）」とは「制御すること、コントロールすること」でしたね（第1巻第18講）。⑺の「悪欲」の「欲」を意味することばは「イシュ[7]」という動詞に由来しています。そして、「イシュ」は身勝手に欲求を暴走させるときの「欲望」にもなれば、菩薩行や涅槃を求めるときの「求（ぐ）」や「願」にもなる動詞なのです。「欲（イシュ）」の全てが否定されるのではありません。コントロールされた（滅せられた）「欲」は、仏教ではきちんと肯定されているのです。

仏教は決して「全ての欲を捨てて、灰や枯木のようになって生きることを勧める宗教」ではありません。欲を制御した上で、自らの菩提獲得（自利）と衆生利益（利他）のために積極的に転用していくのが、仏教なのです。(7)において、「欲」にあえて「悪しき」という形容句が添えられ、ここで言及されている「欲」がコントロールされていない、仏教では否定される欲であることが明示されている背景には、このような事情があったのです。

善知識とは何か、悪知識とは何か

仏教には「善知識(ぜんちしき)」ということばがあります。サンスクリットでは「カルヤーナミトラ(8)」といい、「カルヤーナ(9)」が形容詞「善い」、「ミトラ(10)」が名詞「友人」で、全体で「善い友人、善友、交際してためになる友」という意味になります。ここでいう「ためになる、利益になる」が、仏教的な文脈で用いられていることはいうまでもありません。自らの仏道修行を手助けしてくれる人、それが善知識なのです。善知識の代表例は『華厳経(11)』の最終章「入法界品(にゅうほっかいぼん)(12)」に見ることができます（なお、『華厳経』の解説自体は、大乗経典を扱う際に詳しくさせていただく予定です）。「入法界品」の中心人物である「善財(ぜんざい)(13)童子(どうじ)」は無上菩提を覚るために求法(ぐほう)の旅に出立し、合計五十三人の善知識と会い、彼ら・彼女らに導かれ、ついに法界(ほっかい)(14)に入り成道することができたと記されています。

このような善知識の反対の存在が、仏道修行に障礙(しょうげ)をなす「悪知識(15)」です。釈尊は、提婆達多が八邪法の一つとして、「悪知識気質」に制圧され、「悪知識気質」に心が囚われているため、一劫の間堕地獄し、救出することはできないと授記しました。

提婆達多は五百人の新参比丘を惑わし、一旦は彼らに破僧を決意させました（本巻第58講）。この時点で提婆達多は五百人の新参比丘にとっての悪知識となっていたのです。また提婆達多の周囲には、彼とともに破僧を唱道する一味（コーカーリカなど）がありました。提婆達多がコーカーリカの悪知識であると同時に、コーカーリカも提婆達多の悪知識でした。手助けするどころか、双方が相手の仏道修行の障礙となっているからです。このように悪知識は、自分が誰かの悪知識になるのみならず、自らの周りに悪知識を呼び寄せます。まさに「類は友を呼ぶ」です。他者の仏道修行を妨げる者の周りには、自分の仏道修行を妨げる別の者が現れ、お互いがお互いの障礙となり続けます。このような悪しき連鎖を招く気質を「悪知識気質」と呼んでいるのでしょう。

さて、提婆達多が悪知識であることは、仏教では広く一般的に認められています。ところがそれを認めない仏典も存在するのです。『法華経』[16]がその代表例です。『法華経』はその「提婆達多品」[17]において、「釈尊は過去世に提婆達多の弟子であり、提婆達多の導きがあって成道することができた。提婆達多は釈尊の善知識なのだ」という、「仏教世界の常識」を完全に覆す説を提唱しています。[18]このことは『法華経』における「提婆達多品」、ひいては『法華経』自体の位置づけを探る際に重要な手がかりの一つとなりますので、あらかじめお知らせしておきます。

釈尊は堕地獄者を救えないのか？

先に見たように釈尊は、「地獄に堕ちた提婆達多を、一劫の間は救い出すことができない」と授記していました。この授記に対して、「釈尊は堕地獄者を一劫もの間放っておくのか」という疑念や、「それではお地蔵さまにも劣るのではないか」という批判が生じるかもしれません。確かに『地蔵十輪経』[19]や『地蔵菩薩本願経』[20]を見ると、地獄に堕ちた衆生までをも救おうとする地蔵[21]菩薩の慈悲が説かれています。ブッダである釈尊の能力や慈悲は、菩薩である地蔵にも劣るのでしょうか。いいえ。決してそのようなことはありません。なぜならば釈尊は、先の授記に続いて次のように教誡していたからです。

《比丘たちよ、比丘は利得が生じるたびに〔その利得に制圧されるのではなく、自らが利得を〕制圧して過ごしていくがよい。不利得が生じるたびに、名声が生じるたびに、不名誉が生じるたびに、優遇が生じるたびに、冷遇が生じるたびに、悪欲が生じるたびに、悪知識気質が生じるたびに、〔それらに制圧されるのではなく、自らがそれらを〕制圧して過ごしていくがよい。

比丘たちよ、どのような道理に基づいて、比丘は利得〔ないし悪知識気質〕が生じるたびに、〔それらを〕制圧して過ごしていかなければならないのか。―中略― 比丘たちよ、生じた利得〔ないし悪知識気質〕を制圧しないで放置しておくと、悩害や苦悩をもたらす諸々の煩悩が生じてしまう一方で、利得〔ないし悪知識気質〕が生じるたびに制圧していくならば、悩害や苦悩をもたらす諸々の煩悩が生じることがないからである。―中略― 比丘たちよ、このような道理にもとづいて、比丘は利得〔ないし悪知識気質〕が生じるたびに、〔それらを〕制圧して過ごしていかなければならないのである。―中略― 比丘たちよ、このように修学しなさい》（同）

利得をはじめとする八邪法は、外からやってくるのではありません。自らの内から生じます。無明という根元的身勝手さを放置しておくと（＝放逸[22]な態度であると）、八邪法は止めどなく湧き出してきます。より正確に表現するならば、「放逸であると、〈八邪法を止めどなく湧き出させる自分〉を形成する悪しきサンスカーラが次々に発動される」ということです。涅槃を求める者は、自らの無明を制御・制圧し、〈悩害や苦悩をもたらす諸々の煩悩が生じることのない自分〉を形成する、善いサンスカーラを発動させながら過ごしていかなければなりません。別段、特別な手段や施設や環境が必要なのではありません。仏道修行は自らのありようを定めることによって、どこでも実践できるのです。「生活そのものが仏道修行」といっても過言ではありません。特定の修行期間は不放逸にしていても、それ以外の期間では放逸であるならば、そもそも修行した意味自体がなくなってしまうでしょう。

　釈尊は堕地獄した提婆達多の救済を放棄したのではありません。如実知見を完成させている釈尊は、提婆達多が無明をコントロールして八邪法を制圧できるまでに一劫かかると見抜いていたからこそ、あのような授記を行ったのです。釈尊の慈悲が広大であることは、「比丘は諸々の煩悩の生起を防ぐため、八邪法を制圧すべく学ぶべし」と教誡していることからも分かりますね。放逸な者が放逸なままであるうちは、地蔵菩薩はおろか、如来[23]である釈尊でも救うことはできません。なぜなら放逸な者は、「不放逸であれ」という慈愛に満ちた如来の教誡を無視し、如来の救済を自ら拒絶しているからです。仏教徒は、何を置いてもまずは不放逸でなければなりません。そして、〈不放逸である自分〉を形成する善いサンスカーラが発動できたとき、初めて私たちは如来や菩薩の救済に与(あず)かることができるのです。サンスカーラの無常性（諸行無常）を理解すること（学）と、不放逸であるよう努めること（行）[24]は、仏教における「車の両輪」なのです。

第61講

提婆達多は釈尊を本当に殺そうとしたか 仏典の矛盾を解く

提婆達多の破僧説話の謎

これまで第2巻第49講から本巻第60講にわたり、提婆達多が行った破僧（サンガの分裂、サンガベーダ）のありさまを詳しく見てきました。その中で筆者は幾度か、「違和感を感じる」とお伝えしてきました。なぜなら、現存のパーリ語原典に拠るかぎり、提婆達多が何度も釈尊を殺害しようと画策し、ついには傷つけ、釈尊の身体から出血させるという大罪を犯していたことが判明した後でも、釈尊と提婆達多との間には破僧に至るまで、師匠と弟子の間で通常交わされる関係が存続していたからです。あたかも「提婆達多が釈尊を殺害しようとしたことなど、なかったかのよう」なのです。これは一体、どのように理解したらよいのでしょうか。現在、多くの研究者は、提婆達多は実際には破僧を行っただけで、釈尊を殺そうとまではしなかっただろうと考えています。その理由を順に説明してまいります。

まずは、これまで読み進めてきた『ヴィナヤ・ピタカ（パーリ律蔵）』という文献の内部に見られる文脈上の矛盾です。その代表的なものが、今挙げた「釈尊殺害未遂の実行犯であることが露見した後でも、釈尊と提婆達多との間に通常の師弟関係が存続し続けたこと」（第2巻第54、55講、本巻第56講）です。提婆達多が霊鷲山の頂上から岩を落とし、その岩の破片が釈尊を傷つけました（第2巻第52講）。そのとき釈尊は、

《愚か者よ、邪な心・害してやろうという心をもって如来に出血させたことで、そなたは途方もない悪業を作ってしまったのだぞ》（『ヴィナヤ・ピタカ』第二巻、一九三頁）

と、提婆達多の悪業を嘆き、比丘たちに次のように教示していました。

《比丘たちよ、邪な心・害してやろうという心をもって如来に出血させたことで、ここに初めて提婆達多は、〔死後〕たちどころに無間地獄に堕す業を作ってしまったのである》（同）

ところが原文によると、この事件の後で釈尊は提婆達多を呼び出し、自分を傷つけたことには全く触れることなく、彼が仲間とともに家々を繰り返し訪れては食事を要求していたことを叱責しました。よろしいですか。目の前には自分を殺そうとした実行犯がいるのです。ところがその場ではそのことは全く問われることなく、はるかに小さいと思われる問題で叱責しているのです。あたかも、「提婆達多が釈尊を殺害しようとしたことなど、なかったかのよう」です。

また、それ以降のやり取りを見ても、提婆達多の釈尊に対する語調や振る舞いは「仏弟子が師

匠である釈尊に対して抱く敬意の表れ」を体現しており、やはり「提婆達多が釈尊を殺害しようとしたことなど、なかったかのよう」でした。

〈王舎城の悲劇〉を巡る仏典の矛盾

二番目は、〈王舎城の悲劇〉を巡る、『パーリ律蔵』と他の文献との間に生じている矛盾です。[1] ここでは他の文献の具体例として『観無量寿経』[2]を挙げます。浄土三部経の一つとされる『観無量寿経』は、非常にインパクトの強い〈王舎城の悲劇〉という物語を収めています（第2巻第51講）。

――阿闍世王子は提婆達多に唆され、父王を幽閉し、餓死させようとした。阿闍世の母親で王の夫人である韋提希は、夫を助けようと身体に蜜を含ませた粉を塗り、装飾品には飲み物を盛って王のもとへと赴き、秘かに王に舐めさせていた。

阿闍世は父王がなかなか死なないことを訝しがり、母のはかりごとを知る。怒りに狂った阿闍世は父親のみならず母親をも殺害しようとするも、家臣たちに諭され、母親殺害だけは思いとどまった。ただし、以降は母を宮殿の奥に閉じ込め、二度と外出させなかった。――

この〈観無量寿経版悲劇〉では、「王妃が身体に蜜を含ませた粉を塗り、幽閉されている王がそれを舐める」というインパクトのある構図を用いながら、父王を殺して王位を奪い、あまつさえ母親すら軟禁してしまったことで、阿闍世の悪辣さが強調されています。それは取りも直さず、阿闍世を唆した提婆達多自身の悪辣さの強調でもあるのです。ところが、『パーリ律蔵』に表された〈原典版悲劇〉では、先のインパクトのある構図がないだけでなく、誰一人として死ぬどころか、幽閉されることすらありませんでした。王位の移譲も親子間の話し合いで解決されており、それ以外の変化といえば、大臣たちの「人事異動」があったことぐらいでした。このように、〈原典版悲劇〉と〈観無量寿経版悲劇〉との間には、提婆達多の悪辣さの程度を巡っての矛盾があるのです。

浄土三部経のうち、『無量寿経』[3]と『阿弥陀経』[4]にはサンスクリット原典と、それに対応するチベット語訳が現存しています。この二つがインドで成立したことに疑いの余地はありません。ところが『観無量寿経』にはインド語原典もなければ、チベット語訳も存在していないのです。くわえて、インドで成立した他の経論の中にも、『観無量寿経』について言及しているものは一つもありません。これらのことを総合して研究者の多くは、『観無量寿経』がインドで成立した可能性は低いとの立場を取っています。

仏説『観無量寿経』をいかに読むか

誤解していただきたくないのですが、たとえ『観無量寿経』がインド成立の経典ではなかったとしても、その宗教的価値には何ら影響を与えません。この講座で繰り返し確認しているように、仏教における「ブッダのことば、仏説」とは、肉体を持ったブッダの肉声を記録したものではありません。「ブッダのことば、仏説」とは、個々別々の人々を、その人のありように応じて救い出す「真実の救済手段」でしたね。だからこそ、

《何であれ善く説かれたものであれば、それは全て〔誰が説こうとも〕釈尊のことばである》（『アングッタラ・ニカーヤ』第四巻、一六四頁）

という理解が仏教では共有されてきたのです。(5)〈王舎城の悲劇〉をきっかけに様々の段階に分かれた観法（智慧をもって対象を観想する修行）を説き、その中で、極楽世界や阿弥陀仏の観想を教える『観無量寿経』は、たとえば、死後ではなく今生において極楽世界の荘厳を体験し、阿弥陀仏と面奉したいと願う人々にとっては、なくてはならない「真実の救済手段」であったに違いありません。『観無量寿経』は間違いなく、「ブッダのことば、仏説」なのです。

『観無量寿経』が「ブッダのことば、仏説」であることは確認されました。ただ、その成立が『無量寿経』や『阿弥陀経』より遅れることは間違いありません。また、大乗仏典の成立は初期仏典よりも一般的に遅いと考えられています。ですから、〈原典版悲劇〉と〈観無量寿経版悲劇〉の両者を比べるとき、後者の方が成立が遅いと想定して構わないはずです。〈原典版悲劇〉に比べるとき、〈観無量寿経版悲劇〉では、提婆達多の悪辣さがいっそう強調されていましたね。した

がって先の想定によるならば、「時代が経るにつれ提婆達多の悪辣性は強調される傾向を示した」ということになります。これは同時に、〈原典版悲劇〉自体が、提婆達多の悪辣さが強調される過程にあることをも意味しています。ですから、さらに次のような想定が可能でしょう。

――提婆達多は破僧を実行した「悪漢」であった。彼の悪辣さを強調するため、〈王舎城の悲劇〉はインパクトの強いものへと改変されていった。提婆達多が釈尊を殺害しようとした伝承も、この意図のもとでできあがったものである。――

求法僧のもたらした情報との矛盾

三番目は、中国からインドに求法の旅に出た法顕（生没年不詳。四―五世紀）と玄奘（六〇二―六六四）という二人の僧侶による、当時のインド見聞録から導かれる矛盾です。

法顕は中国・東晉時代の僧侶で、三九九年、彼が六十歳くらいの頃中国を発ってインドに向かい、十五年にわたる求法の旅を敢行しました。四一四年に帰国して後は仏典の翻訳に従事し、中でも『摩訶僧祇律』[6]や『大乗涅槃経』[7]が代表例とされています。また、法顕は仏典の翻訳の他、旅行記も著しました。それが『法顕伝』[8]（『仏国記』とも呼ばれます）全一巻です。その中に、

彼がインド東部を訪れた際の記述があり、そこにはなんと、

《調達（＝提婆達多）に従う人々がおり、彼らは過去三仏は供養するが、釈尊だけは供養し

ない》（『大正新脩大蔵経』第五十一巻、八六一上）

と記されているのです。

ここでまず、「過去仏」について説明しておきます。

仏教におけるブッダは当初は釈尊ただ一人でしたが、ブッダ観[9]の進展とともに、「過去にも同様にブッダが出現していたに違いない」という観念が生じてきました。これが過去仏思想です。最も一般的な過去仏思想においては、次の六仏に釈尊を加えた「過去七仏」を立てます。

一、毘婆尸（ヴィパシン[10]）
二、尸棄（シキン[11]）
三、毘舎浮（ヴィシュヴァブー[12]）
四、狗留孫（あるいは倶留孫。クラクッチャンダ[13]）
五、狗那含牟尼（あるいは倶那含牟尼。カナカムニ[14]）
六、迦葉（カーシャパ[15]）

この六仏に釈尊（釈迦牟尼。シャーキャムニ[16]）を加えたものが「過去七仏」です。「諸悪莫作、衆善奉行、自浄其意、是諸仏教」という「七仏通戒偈」は、七仏が共通して説いた教誡とされており、パーリ文では最古層の仏典の一つとされる『ダンマパダ[17]（法句経）』に収められています。和訳を示しておきましょう。

《一切の悪をなさざること、善を実践すること、自らの心を浄めること、これが諸仏（七仏）の教誡である》（『ダンマパダ』一八三）

古代インドの時間論によると、現在は「バドラカルパ(18)（賢劫（げんごう））」という時期にあたり、過去七仏のうち、第四の狗留孫仏以降が賢劫に出現したブッダとされます。そして「四仏」というときには、第四の狗留孫仏をはじめ賢劫に出現した四ブッダを指し、「三仏」というときには、この「四仏」から釈尊を除いた狗留孫仏、狗那含牟尼仏、迦葉仏を指します。法顕の記録によれば、五世紀の東インドに、提婆達多の教えを奉じつつ、過去三仏を崇拝するグループがあったというのです。

玄奘の伝える提婆達多教団の隆盛

一方の玄奘は唐代に活躍した中国僧で、当時鎖国をしていた唐の国禁を犯し、六二九年に仏法を求めてインドに旅立ちました。その後インド各地を巡り、大部のインド語原典を携え六四五年に長安に戻りました。国禁を犯して出国したにも関わらず帰国の際には、当時の皇帝である太宗（たいそう）が使いを出し、玄奘を迎え入れたと伝えられています。玄奘のもたらしてくれる、国外の政治情報や宗教知識に期待したものと考えられています。帰国して後の玄奘の最大の功績は、中国訳経史に新たな時代を迎えさせたことでしょう。玄奘以前の漢訳を「旧訳（くやく）」と呼び、玄奘以降の漢訳を「新訳」と呼ぶのは、玄奘の果たした業績の大きさを物語っています。ただ、今回は彼の翻訳事業に関する功績ではなく、彼の著した地誌『大唐西域記（だいとうさいいきき）』全十二巻[19]に注目してみます。

後の明（みん）の時代にはこの『大唐西域記』をモデルとして、伝奇小説『西遊記（さいゆうき）』が編まれました。三蔵法師や孫悟空の活躍する、あの冒険活劇です。ただしモデルとなった『大唐西域記』には孫悟空も妖怪変化も登場しません。その代わり、当時のインドの事情を知らせる一級の地誌となっています。そして第十巻には玄奘が東インドの「羯羅拏蘇伐剌那（カルナスヴァルナ）」という国を訪れた記録があり、その中に次のような記述があります。

《異端の徒も実に多く、独自の伽藍（がらん）を三つも有している。彼らは提婆達多の遺訓を遵守し、発酵した乳製品を食しない》（『大正新脩大蔵経』第五十一巻、九二八上）

このように、玄奘の伝えるところによれば、七世紀になっても東インドには提婆達多の教えに忠実な修行者たちがおり、しかも独自の伽藍[20]を三つも有するほど栄えていたというのです。

いかがでしょうか。法顕の伝える五世紀にも、玄奘の伝える七世紀にも、インドには提婆達多を師と仰ぐ流れが途絶えることなく連綿と受け継がれていたのです。もし、本当に提婆達多が極悪非道の悪漢だったとしたら、その教えが数百年、場合によっては千年近くも存続することなど、あり得るでしょうか。筆者をはじめ、多くの研究者はあり得ないと考えています。この講座で繰り返し確認しているように、インドの出家修行者は自らの生活の糧を、在家者からの布施によって得る他はありません。紀元前三世紀のアショーカ王の治世以来、釈尊が偉大な宗教家であることはインドに広く知れ渡っていますし、釈尊の出身地である東インドではなおさらでしょう。もし、そのように高名な釈尊を殺めようとしたことが事実であったとすれば、「提婆達多教団」に対して布施をする人など皆無で、結果としてその教団は消滅したはずです。ところが「提婆達多教団」は滅びるどころか七世紀にも依然として存続しており、しかも大いに繁栄していたのです。

これまでのことを総合すると、次のようなことがいえると思われます。

――提婆達多は破僧を実行して別の教団を作った。既存の仏教教団にとって提婆達多の新教団は非常に「邪魔な存在」であったため、彼らの評判を落とすため、提婆達多を極悪人に仕立て上げる必要があった。その最たるものが、彼を「釈尊殺害未遂の犯人」とすることであった。この伝承は仏教内部では受け継がれたものの、仏教の外部までは十分浸透せず、提婆達多の教団は存立し続けていた。そのため、仏教内部における提婆達多の悪辣さは後代になるほど強調され、インパクトの強い〈観無量寿経版悲劇〉も編み出されることになった。――

なぜ既存の仏教教団にとって、提婆達多の新教団はそれほどまでに「邪魔な存在」だったのでしょうか。

第62講 釈尊の教団はなぜ提婆達多の教団を恐れたのか

既存の教団が提婆達多を脅威としたわけ

既存の主流派仏教教団にとって、提婆達多が破僧して興した新たな教団は非常に邪魔な存在でした。そのため、提婆達多教団の評判を貶(おとし)めようとして、「提婆達多の悪行三昧の数々」も創られていった可能性が高いことを、前講において確認しました。本講では、なぜそれほど提婆達多の新興教団が邪魔な存在であったのかを探ってまいりましょう。

既存の教団から見て、新興教団が脅威になる第一の理由は、その規模でしょう。新たな教団が興った際、既存の教団から大量の離叛者が出ることがあります。たとえば第1巻第28講で見たように、舎利弗と目連を代表とする二百五十人もの弟子を率いていたサンジャヤは、新興教団であった釈尊の仏教教団に弟子全員を「引き抜かれ」てしまい、怒りと失意の余り、口から熱血を吐きました。

ところが、提婆達多の破僧の場合は、確かに最初は新参の五百人の比丘が追随してしまいましたが、後に舎利弗と目連に教化（きょうけ）されて、もとの釈尊の教団に戻っています。口から熱血を吐いたのも、釈尊ではなく提婆達多のほうでした（本巻第59講）。したがって、既存の教団にとって提婆達多の新興教団が邪魔・脅威であった理由が、その規模である可能性は低いものと考えられます。

筆者は、既存の教団が提婆達多の教団を恐れた一番の理由は、提婆達多が主張した「五事」にあったと考えています。五事とは、

⑴比丘は生涯、阿蘭若（あらんにゃ）住者であること
⑵比丘は生涯、乞食（こつじき）者であること
⑶比丘は生涯、糞掃衣（ふんぞうえ）者であること
⑷比丘は生涯、樹下坐者であること
⑸比丘は生涯、断肉者であること

でした。

釈尊は提婆達多の五事（第2巻第54講、本巻第57講）の主張に対し、それらが〈諸行無常〉や〈中道〉という仏教教理や仏道修行の「屋台骨」に抵触すること、および、「福田（ふくでん）としての出家者に対する在家者の布施」を阻害する要素があることから、承認しませんでした（第2巻第55講）。

仏教の教理面、修道面、そして在家者との関係という三点どこから見ても、釈尊の主張が全面的に正しいため、一見すると、この提婆達多の五事を脅威に感じる必要など、ないかのように思われます。

しかし実際には、提婆達多の五事は既存の教団には脅威に映ったはずです。それは、提婆達多が、

《輩よ、我らは沙門ゴータマのもとへ赴いて、五事を要求した。しかし、沙門ゴータマはこれらの五事を拒否した。一方、我らはこれらの〔厳格な〕五事を護っていくのだぞ》（『ヴィナヤ・ピタカ』第二巻、一九七頁）

と王舎城で演説した際に、釈尊に対する信を持たない者たちが、

《実に、この〔提婆達多をはじめとする〕釈迦族出身の沙門たちは頭陀行者（清浄な仏道修行者）であり、厳粛な生活を送る者たちである。ところが、一方の沙門ゴータマは贅沢者であり、贅沢すること〔のみ〕を考えているのだ》（同）

と誤解してしまったことがあるからです（本巻第56講）。その際に筆者は「このように、その人が〈諸行無常〉や〈中道〉を理解していない場合には、極端な修行こそが清廉で正しい仏道修行（八正道＝中道）に見えてしまうこともあるのです」とコメントしておきましたが、ではなぜ、インドの人々の中に「極端な修行は清廉で正しい」という観念があるのでしょうか。それは第1

巻第7講等で見たように、インドには古来、〈真実のことば（サティヤヴァチャナ[1]）〉に対する信仰があるからです。「サティヤ[2]」が、「真実（名詞）」あるいは「真実の（形容詞）」を意味し、「ヴァチャナ[3]」が「ことば」を意味します。インドでは〈真実のことば〉には、不思議な力が宿ると信じられているのでしたね。ここでいう〈真実のことば〉とは、何らかの「宗教的真理・真実」を指しているわけではありません。「言った通りであること」「事実と違わないこと」が〈真実のことば〉の定義です。そしてそこに宿る力の大きさは、そのことばを〈真実のことば〉にすることの難易度に比例します。

インドにはなぜ様々な「聖者」がいるのか

インドには、現在でも様々な「聖者」がいます。中にはほんとうに静謐で、人々を安穏に導いてくれるような方もいらっしゃいます。ただし、中には私たちの感覚では「え？　どうしてそれで聖者なの？」と首をかしげたくなるような例にも出会います。たとえば、インドには「立ち続けている聖者」がいます。彼は常に立ち続けており、眠るときは身体を樹木に結びつけて横にならないようにしています。このような体勢でその人は数十年も過ごしているのです。彼は別段、人々に説法するわけでもありません。ただただ、ひたすら立ち続けているのです。私たちの眼には、ただの「奇人、変人」の類にしか映らないでしょう。ところが、インドの人々の間では彼は

「聖者」であるとして尊敬され、たくさんの供養の品を施されるのです。その結果、彼は、特段仕事をしなくてもただ立ち続けているだけで、食料や生活必需品に事欠くことがありません。きっと今日も「立ち続ける修行」を行っていることでしょう。

インドにおける「聖者」は、彼のような例にとどまりません。移動する際には必ず転がりながら移動する者、後ろ向きで移動する者、五体投地をしながら移動する者など、枚挙に暇がありません。みなさんの中にも、「世界びっくり人間」のようなかたちで、メディアで紹介された例をご覧になった方もあるかと存じます。なぜ、彼らのような「奇人、変人」が「聖者」であるとして、尊敬や布施を受けるのでしょうか。それは彼らがそれらの行為をする際に、あらかじめ「自分は今からこれこれの行為を行うぞ」と宣言し、その後で実際に実行に移したからです。彼らが実際に行為を実行したことで、最初の宣言は〈真実のことば〉となりました。〈真実のことば〉には不思議な力が宿ります。そのような〈真実のことば〉の力をそなえた立派な福田であるとして、彼らは尊敬され、布施を受けるのです。

ここで着目すべきは、その行為が社会的や宗教的に見て立派であるかどうかは、全く問題にされていない点です。実際、立ち続けるにせよ、後ろ向きで移動するにせよ、その行為自体に何らかの積極的な意味・価値を見いだすことは難しいでしょう。はい。ここで問われているのは「その行為を実行するのがどれほど難しいか」のみなのです。立ち続ける行為自体に、何らかの積極的意味や価値を見いだすことは困難です。ただし、どれほど無意味な行為に見えたとしても、その行為自体が数十年に及んでいるとしたら、それを実行したこと自体は誰にでもできることではありません。〈真実のことば〉に宿る力の大きさは、そのことばを〈真実のことば〉にすることの難易度に比例するのでしたね。彼らが尊敬と布施を受ける理由は、まさしくこの点にあるのです。

不婬戒の修行者と〈真実のことば〉

この講座でこれまで繰り返し見てきたように、仏教教団（サンガ、僧伽）において律（ヴィナヤ。教団の規律、運営規則）が定められた背景には、比丘や比丘尼をきちんとした福田たらしめ、在家者から安定して布施を受け、その上で自らの仏道修行と仏教の伝承をより確実なものとしようという彼らの想いがありました。具足戒（俗にいう小乗戒）では、比丘には二百五十、比丘尼には三百五十もの条項（学処）が定められています[4]。彼らは出家する際に、これらの学処を守ることを誓います。このことを「具足戒を受ける」といいます。これらの厳しい学処を守って過ごすことを宣言し、それを実行している出家者を見て、在家者は「この人たちにはたくさんの〈真実のことば〉の力が貯まっているのだ。だからこの人たちは勝れた福田なのだ」と感じ、尊敬し布施を行うのです。

諸々の学処のうち、最も守りにくいものが「不婬戒」です。日本では古来、「異性と交わるのは不婬戒を犯すことだ。ただし同性の間では問題ない」という理解で、出家者の同性愛も存在してきましたが、元来の不婬戒は、異性、同性、動物を含め、一切の性的関係を禁じる規則です。比丘が男色に走った瞬間、それは不婬戒に背く行為となります。[5] ではなぜ不婬戒がそれほどまでに守りにくいものなのでしょうか。それは性欲が、食欲、睡眠欲と並んで、生物の「三大欲求」とされているからです（第2巻第35講）。

これらのうち、食欲と睡眠欲を完全に断つこと、すなわち断食と断眠は、個体の死を招くものであることが立証されています。そのため仏教教団にあっても、食欲と睡眠欲は適度な範囲内において満たすことが許されていました。ところが性欲の場合は完全に抑え込んだ場合、生物として自らの子孫・遺伝子を残すという意味において危機が生じるだけであり、自らの生命自体の危機には至りません。

しかし、性欲は生物の「三大欲求」の一つですから、いかに個体の死を招くものではないとはいえ、それを完全に抑え込むのは至難の業です。それどころかインドの一般社会には性欲（カーマ）[6]を人生の目標の一つとする伝統もあります。[7] そのような状況下で性欲を完全に抑え込むと宣言し、それを実行している比丘や比丘尼は、在家者から見て「莫大な〈真実のことば〉の力を蓄えた、途方もなく素晴らしいお方」なのです。性欲を断つ修行を特に「梵行（ぼんぎょう）（ブラフマチャリヤー。[8]清浄な修行)」と呼び慣らわしているのも、不婬戒の実行がいかに難しく、それを保っている修行者がいかに清浄であるかを強調したものといえます。

提婆達多の〈真実のことば〉の脅威

出家者の集団である仏教教団は、在家者からの物質的援助がなければ存立することができません。彼らが布施を受ける最第一の条件は、彼らが勝れた福田であることです。自らを勝れた福田たらしめるため、学処の数はどんどん増えていきました。数多くの守りにくい規則を遵守し、そのことによって〈真実のことば〉の力を蓄えることで自らの「福田性」を担保し、それを在家者に向かってアピールして彼らからの援助(布施)を受けてきたのです。よろしいですか。仏教教団は提婆達多の破僧以前から、〈真実のことば〉の観念に基づいて自らを福田たらしめ、在家者からの援助を得てきたのです。確かに提婆達多の五事は、

・仏教の立脚点である〈諸行無常〉、および仏教徒の歩みの根幹を規定する〈中道〉と離叛しているから
・福田としての出家者に対する在家者の布施を阻害するから

という点において、「仏教教団の規則」としては大きな問題がありました。しかし在家者にとってより重要なことは、その規則の仏教の文脈における正当性よりもむしろ、そのことば・宣言

を〈真実のことば〉にするのがどれほど難しいかなのです。この点に鑑みるとき、提婆達多の五事の主張は、それが〈真実のことば〉にするのが従来の規則よりもいっそう難しくなっていることだけは確かです。仏教の文脈を考慮しないとき、提婆達多の主張の方が正しく、提婆達多の教団の方がより勝れた福田であると見なされてしまうことも十分にあり得るのです。果たして歴史の事実として、提婆達多の教団は七世紀においても、インドにおいて相当の勢力をもって存在し続けていました。玄奘の伝えた『大唐西域記』には、彼らが発酵した乳製品を食さないという記述がありました（前講）。素のままの乳に比べ発酵した乳製品は、「贅沢食」と見なされる風潮がインドにはあります。彼らは、「沙門ゴータマの教団では贅沢食を食しているようだが、自分たちは贅沢食を断つことを宣言し、それを守り続けている。私たちの方が、より大きな〈真実のことば〉の力を蓄えているのだ」と主張していたのでしょう。

繰り返しますが、彼らの主張は全く仏教的ではありません。万人がこの方法で修行をしなければならないという主張は、決して仏教のものではありません。しかしインドには古来、より厳しい修行をしている人の方がより多くの〈真実のことば〉の力を蓄えており、より勝れた福田であるという観念があります。そして学処を定める際には仏教の教団自体が、その観念に配慮してきたという経緯があります。

この〈真実のことば〉の信仰という強固な伝統のもとでは、いかにそれが弱小教団であれ、そしていかにそれが仏教としての枠組みを逸脱するものであれ、提婆達多の教団は既存の教団にとっては脅威であり、邪魔な存在だったのです。だからこそ提婆達多は、単に「破僧をした悪人」にとどまらず、「釈尊殺害計画を実行に移し、堕地獄が決定した極悪人」でなければならなかったのです。

インドにはそもそも「宗派」が存在しないわけ

提婆達多の破僧において、一貫して問われていたのは「五事を認めるか否か」です。これは経・律・論の三蔵でいえば「律」の問題であり、「経」の問題ではありません。インドにおいて教団が分かれる（破僧する）のは、律の違いによります。純然たる出家主義を保ち、自らが一切の生産活動に携わらない彼らにとって最も重要なことは、学処をきちんと守ることによって自分たちが清浄で勝れた福田であることを在家者にアピールし、そのことで在家者から尊敬と布施を獲得し自らの修行と仏教伝承を続けることだったのです。一方、東アジアにおける教団は、どの規則に従うのかという「律」の違いではなく、どの教えに基づくのかという「経」の違いで破僧します。東アジアにおける個々の教団を「宗」や「宗派」と呼ぶのは、それらが「どの教え・経を宗とする集団なのか」に由来します。(9)

日本で暮らす私たちは、ともすると、「宗、宗派」の違いを絶対的な差違と捉えてしまいがちですが、仏教全体で見るとき、その違いは決して永遠の断絶を意味しません。実際、インドでは、「宗」を違える出家者たちが共存し、切磋琢磨していました。私たちがインド仏教から学べることは、まだまだ多いように感じています。

３　布施がもたらす
果報とは何か

第63講 お布施をする意味が分かる コーサラ国王と妃の出会い

コーサラ国の属国たる釈迦族の国

前講までに見てきた提婆達多の一連の破僧事件は、王舎城や霊鷲山（りょうじゅせん）(1)や竹林精舎と、どれもマガダ国(2)を舞台として起こりました。ところで、紀元前四、五世紀当時のガンジス河中流域には、マガダ国と並んで強大な勢力を誇っていた国がもう一つありました。それがコーサラ国(3)です。かつて釈尊が所属していた釈迦（シャーキャ）(4)族は、マガダ国とコーサラ国という二大国に挟まれ、難しいバランスのもとで国の舵取りをしていました（第1巻第2講）。釈尊が成道する以前の沙門ゴータマであったとき、マガダ国を訪れたことがありました（第1巻第5講）。その際、沙門ゴータマは当時のマガダ国王ビンビサーラ(5)に対し、雪山（せっせん）(6)（ヒマラヤ）(7)地方を指し示しながら、

《王よ、この方角のまっすぐにある雪山の中腹に、コーサラ国の属国ではあるものの富と勇気を兼ね備えた国があります。〔統治している〕部族の名は日種（にっしゅ）（太陽の末裔、の意）、氏

族の名は釈迦といいます。王よ、私はその家より出家したのです》（『スッタニパータ[8]（経集）』四二二〜四二三）

と、釈迦族の説明をしたのです。この個所からは、釈迦族の治める国はコーサラ国の属国であったことが分かるとともに、釈迦族が非常にプライドの高い一族であったことがうかがえます。本講からは、この釈迦族とコーサラ国との関係が織りなす話を見ていくこととしましょう。

当時のコーサラ国王の名は、サンスクリットでは「プラセーナジット」、パーリ語では「パセーナディ」といい[9]、「波斯匿（はしのく）」と音写されます。この波斯匿王は、マガダ国のビンビサーラ王とは異なり、いささか粗暴な性格の人物だったようです。首府である舎衛城[10]の郊外に祇園精舎が建立されても、暫くの間は仏教には無関心だったとも伝えられています。そのような波斯匿王でも、後になると釈尊に深く帰依し、篤信の在家信者（優婆塞）となりました。その背景には、王妃であるマッリカー[11]（末利夫人（まりぶにん））の存在が大きかったといわれています。

布施が導く王と末利夫人の出会い

マッリカーの出自や結婚に至る過程には諸説があり、伝承が一定していません。本講ではパーリ語原文で詳しく伝えてくれる、『ジャータカ[12]（本生経）』第三巻所収第四一五経[13]の伝承に基づくことにします。

マッリカーはコーサラ国の首府舎衛城の、花環作りをする家柄（カースト）で構成される組合長の娘で、家柄自体は低いものでしたが、たいそう美しく、幸せに暮らしていました。十六歳になったある日、友人たちと連れだって花園へ行こうということになり、花かごに酢飯のおむすびを三つ入れて出かけました。ところが、彼女たちが街を出ようとすると、それと入れ違いに、釈尊が身体から光を放ちながら、大勢の比丘衆とともに托鉢のために舎衛城に入ってきました。その光明の高貴さに心打たれたマッリカーが、自分の遠足のお弁当として用意していたおむすびを全て釈尊に差し出したところ、釈尊はその布施を受けました。釈尊が自分の布施を受け取ってくれたことで、マッリカーは喜びに包まれました。すると喜ぶマッリカーを見て、釈尊が微笑みを浮かべたのです。侍者のアーナンダ(14)（阿難）が釈尊の微笑の理由を尋ねると、釈尊は、

《この娘はこの酢飯のおむすびの〔布施を私になした〕果報によって、本日中に、コーサラ国王の王妃となるであろう》（同、四〇五頁）

とアーナンダに説明しました。ただ、マッリカーは釈尊の予言（授記）を耳にすることはなく、釈尊に布施することができた喜びに包まれたままで、お弁当も持たずに花園へと向かっていきました。

当時のコーサラ国は、ビンビサーラ王が退位（伝承によっては死去。第2巻第49、51講、本巻第75講参照）し、息子の阿闍世（あじゃせ）王に率いられたマガダ国と交戦状態にありました。その日の戦闘

でコーサラ国軍は敗退し、馬で首府の舎衛城へと戻る道すがら、波斯匿王は花園から聞こえてくる華麗な歌声に魅了され、歌の聞こえてくる先へと馬を進めました。歌っていたのはマッリカーでした。

王が馬に乗って近づいてきたにも関わらず、マッリカーは逃げたり臆することなく近づいていき、王の馬の手綱を取りました。原典はここで「福徳（功徳、ご利益）をそなえたマッリカー」と表現しています。もちろん、ここでいわれている「福徳」が、釈尊にその日の朝おむすびを布施したことによるものであることはいうまでもありません。釈尊という最上の福田（ふくでん）に布施したご利益が、マッリカーに臆することなく王の馬の手綱を取らせたのです。

結婚に際して行われた灌頂の儀式

マッリカーが王の馬の手綱を取ったことは、王にとって驚きだったはずです。手綱を取ることは、その馬の制御を引き受けることを意味します。戦場より敗走してきたこともあり、波斯匿王は疲れ切っていたはずです。それでも臣下の士気に関わるため、一軍の将としては毅然とした態度を取らざるを得ず、馬から下りることもできません。しかも彼の身体には、戦場特有の汚れも付着していたことでしょう。うら若い女性であれば、その姿を見ただけで逃げ出していたに違いありません。でも、福徳をそなえたマッリカーはそうではありませんでした。疲れ切った王を癒

すように馬の手綱を取り、彼を休ませてあげたのです。いっぺんで彼女を見初めた王は、彼女に、

《そなたは既婚者か、それとも未婚者か》(同、四〇六頁)

と尋ねました。王であれば、たとえ相手が既婚者であろうが、理不尽なことをしても許されたはずです。なぜなら古代インドにおいて、王は警察権や司法権も統括していたからです。しかし王は彼女に対して一人の女性として正当に向かい合い、求婚しても構わないかどうかをあらかじめ確かめたのです。マッリカーは、自分は独身であることを王に告げると、ここで初めて王は馬より下り、彼女に膝枕をしてもらいながら、しばしの間休息しました。これは敗走の途中、インド特有の熱風に煽られ疲れ切っていたことから、文字通りの「休息」を取っただけであり、特に深読みする必要はなさそうです。

休息を終えて後、王は彼女を馬に乗せ、舎衛城へと入っていきました。そして彼女の家へと案内させると、王は彼女を家に戻して一旦引き上げ、夕方に改めて彼女を迎えるため馬車を遣わしました。原文はその模様を、

《〔王はその日の〕夕刻に馬車を遣わし、大いなる尊敬と敬意を払って〔彼女の〕家から〔マッリカーを〕迎え入れた。そして宝玉を積み上げて作った座に坐らせ、〔彼女に〕灌頂(かんじょう)(15)の儀式を行った後、王妃となしたのである》(同)

と記しています。波斯匿王がマッリカー本人に対しても、彼女の生家に対しても、一貫して大

いなる尊敬・敬意を払っていることから、王が彼女をどれほど大切に思っていたのかがうかがえますね。

インド社会には古来、国王の即位式や立太子礼などの際に、頭頂に水を灌ぐ灌頂の儀式が存在しており、それが後に密教にとり入れられて、入門の際の結縁灌頂や、阿闍梨の位を継承したことを証する伝法灌頂など、各種の灌頂儀礼がつくられていくことになります。そしてここの記述からは、国王の即位式や立太子礼以外に、王の結婚式の際にも灌頂が行われていることが知られます。王は結婚する前から王ですが、マッリカーは結婚する前は町娘でしたから、ここで結婚して王妃になるに際して灌頂が行われていたのです。

上座仏教での「諸仏」と「ブッダ観」

美しく、そして聡明でもあったマッリカーは、結婚後も波斯匿王の寵愛を受け、ますます美しい愛妻となっていきました。彼女が釈尊に酢飯のおむすび三つを布施した果報によって「途方もない玉の輿」に乗ったことは舎衛城中に広まり、比丘たちの耳目を集めることとなりました。釈尊の説法を聞くために集まった比丘たちは、口々に、

《友よ、マッリカー王妃は諸仏〔のお一人である釈尊〕に酢飯のおむすび三つを布施し、その果報によって、その日のうちに灌頂の儀式を受け〔王妃となっ〕た。ああ、諸仏のご威徳

のなんと偉大なことよ》（同）

と語り合いました。

ここでいわれている「諸仏」とは、阿弥陀仏[16]や薬師如来[17]などの「現在他方仏（他の世界に現に在す仏）」を指すのではありません。パーリ聖典を伝える伝統的な南伝上座仏教では、現在他方仏の観念を認めていないからです。南伝上座仏教における「諸仏」とは、釈尊を含めた過去七仏（毘婆尸、尸棄、毘舎浮、狗留孫、狗那含牟尼、迦葉、釈迦牟尼。本巻第61講参照）に代表される過去仏が基本で、あとは未来仏の弥勒[18]を加える程度です。「どのようなブッダが存在するのか」についての観念を、研究者は「ブッダ観」と呼んでいます。大乗仏教には過去仏と未来仏に加え、現在他方仏というブッダ観があるのに対し、南伝上座仏教には現在他方仏の観念がありません。さらにいえば、大乗仏教には、毘盧遮那仏[19]という「十方遍満仏」や、仏性[20]という「内在仏」の観念まであります。

では、伝統仏教と大乗仏教とではどちらのブッダ観が正しいのでしょうか。

答えは、「どちらも正しいです」といいたいところなのですが、実はそう簡単にはまいりません。なぜならば、伝統仏教が仏教徒のゴールを「仏に成ること（成仏）」ではなく「阿羅漢と呼ばれる聖者になること」としてしまったことに、そのブッダ観が大きく関わっていると考えられているからです。

仏教は「ブッダの説いた教え」であるとともに「ブッダに成るための教え」ともいわれてきました。もしこの定義が正しいのであれば、成仏を目指さない仏教は「仏教」の名に値しないでしょう。事実、大乗仏教は伝統仏教を「小乗（劣った乗り物、劣った教えの）仏教」と呼び慣らわしてきました。「〝劣った乗り物、劣った教え〟というのは貶称だから〝小乗〟という呼称は用いるべきではない」と考える方もいらっしゃるようです。もちろん、傾聴に値する意見であると筆者も思います。しかし筆者には、「仏教が〝ブッダの説いた教え〟であるとともに〝ブッダに成るための教え〟であるならば、成仏を目指さない教えが劣っているのは当然ではないか」との思いが拭いきれません。

この件については講を改めて、詳しく論じさせていただきます。

独覚より勝れた一切智たるブッダ

説法をするためにその場にやって来た釈尊は、比丘たちが口々に話し合っていることに気づき、何を話しているのかと尋ねました。比丘たちがマッリカーのことを話し合っていると答えると、釈尊は、

《比丘たちよ、マッリカーがただ一人のブッダ・一切智（いっさいち）(21)〔である私〕に酢飯のおむすび三つを布施し、コーサラ国王の王妃となり得たことは、なんら不思議ではない。なぜかといえば

〔自分を含めた〕諸仏の威徳とはそれほどに〔等しく〕偉大だからである》（同）

と教示し、続けて比丘たちに自らの過去世物語（ジャータカ。本生譚）を説きました。その話の中では、釈尊は菩薩として貧しい家に生まれており、四人の独覚（縁覚、辟支仏。サンスクリットで「プラティエーカブッダ」、パーリ語で「パッチェーカブッダ」[22]。師なく一人で開悟した聖者の意）にそれぞれ一つずつのおむすびを布施した果報で、来世に王子として誕生し、やがて成長して王になったと説かれました。

独覚は、阿羅漢を目指す声聞[23]と併せて「二乗」と呼ばれ、「小乗」の異称ともなっています。声聞は、舎利弗や目連や摩訶迦葉など、釈尊の声をそのまま聞いた直弟子たちを指しており、その具体的な姿がかなり明らかになっています。それに対して独覚は、最新の研究をもってしても、その姿が顕わになっていません。しかも「パッチェーカ（独り）」の部分が「パッチャヤ（縁）[24]」と混同され、「縁覚」という、原義とは大きく離れた訳語まで登場し、日本を含めた漢訳仏教圏では、むしろこちらの「縁覚」の方が一般化してしまっているくらいです。ただしこの独覚（プラティエーカブッダ）という名称は、仏教と同時期に成立したジャイナ教でも用いられており、どのような宗教者を指しているかの理解は、紀元前四、五世紀のインドでは広く共有されていたようです。

「〝師なく一人で開悟した聖者〟ということであれば、釈尊もそうではないか」と思われた方もあるのではないでしょうか。実際、独覚をそのように捉えている研究者もいらっしゃいます。しかし今回のジャータカ文献による限り、独覚は、「四人の独覚に一つずつのおむすびを布施した果報で、来世に王となった者もいるのだから、一人のブッダに三つのおむすびを布施した果報で、今生で王妃となった者があっても、なんら不思議はない」という文脈で用いられているため、独覚をブッダと区別するとともに、ブッダを上位に置いていることは明らかです。

一切智とは「全てを智る聖者」の意味で、仏教ではブッダ以外に用いられることはありません。「独覚もプラティエーカなブッダだけど、一切智ではないからブッダではないんだよ」という点を強調するため、ブッダと一切智を並記していると考えられます。

ということは、現存のジャータカ文献が編纂される紀元後五世紀では、独覚とブッダが混同されかねない状況にあったことを暗示させます。このように原典は、本当にいろいろなことを教えてくれるのです。

第64講 僧侶はなぜ上座に坐るのか その本当の理由を再確認しよう

自分よりも大切と思う人はいるか

コーサラ国の首府舎衛城で花環を作る家柄に生まれたマッリカー（末利夫人）は、国王波斯匿に見初められ、コーサラ国の王妃となりました。マッリカーが仏教徒（優婆夷）であったことにも影響され、波斯匿王も仏教徒（優婆塞）となりました。[1] また、マッリカーが聡明な女性であったことから、王と王妃の間は、知的で、しかも人生の本質に関わるような話し合いをすることが多くありました。

あるとき、宮殿の中にある立派な高閣に上り、首府を見渡していた二人の間で、次のような会話が交わされていました。出典は『サンユッタ・ニカーヤ[2]（相応部経典）』第一巻、七五頁です。

王が王妃に問います。「ところで王妃よ。そなたには自分より愛しい者（大切な人、大事な人）が誰かおるか？」

王妃はよどみなく答えます。「いいえ、王さま。私には自分よりも愛しい者は誰もおりません。では、王さま、あなたにはご自分より愛しい方がどなたかいらっしゃるのですか？」

王が答えます。「いや、王妃よ。私にも自分より愛しい者は誰もおらぬのだよ」

王も、王妃も、どちらも「世界で一番自分が大切だ」と感じていたのです。でも、この考え方は仏教的に見てどうなのでしょうか。なぜなら仏教は、人間を含めた衆生の抱える根本悪として、無明という「根元的身勝手さ」を立てる宗教だからです。

衆生にはこの無明があるため、「私にとって一番可愛い自分」にとって都合のよいものはどこまでも求め、都合の悪いものは排除しようとします。その際に働き出すのが、悪しきサンスカーラ、マイナス方向のサンスカーラでしたね。そして結局は、〈真実の自己〉と乖離した〈偽りの自分〉を形成してしまい、両者間に横たわるギャップを〈苦〉として感受せざるを得なくなります。これが縁起の順観です。

無明を放置しておくと、すなわち、放逸な態度を取っていると、無明を原動力として悪しきサンスカーラが発動され、その結果、衆生はいつまでも苦しみ続けなければなりません。仏道修行とは、無明を放っておかずに、すなわち、不放逸に勤め励むことを通して、無明をコントロール下に置き、善いサンスカーラを発動させ、ついには〈真実の自己〉を取り戻して、〈苦〉の解決・解消を目指すことに他なりません。これが縁起の逆観でしたね。

優婆塞そして優婆夷として、王と王妃は釈尊から縁起の教えを以前より受けていたはずです。ところが彼らがお互いに問うたところ、双方とも「世界で一番自分が大切だ」という考えを持っていました。「このような考え方は釈尊の教えに反するのではないだろうか」と、彼らは悩んだに違いありません。その証拠に、お互いの考えを確かめ合った王は釈尊の判断を仰ぐため、釈尊の滞在している舎衛城郊外の祇園精舎へとすぐさま向かったのです。

上座仏教の出家者が尊敬されるわけ

祇園精舎に到着した波斯匿王は、釈尊の面前へと進み、敬礼(きょうらい)した後に対面して坐りました。ここで王は釈尊に対し二つのやり方で敬意を表しています。一つは「敬礼」で、もう一つは「対面に坐す」(「一隅(いちぐう)に坐す」ともいいます)です。

第2巻第55講で説明したように、上座(じょうざ)に坐す相手に対面して坐すことは、自らが下座(げざ)に坐すことを意味します。もし対等の者同士であれば、対面ではなく並んで坐(並坐(びょうざ))します。そのことを「半座(はんざ)を分かつ」というのでしたね。

本講座で現在参照しているパーリ語仏典は、南伝上座仏教が伝えてきた聖典です。彼ら南伝仏教の出家者たちは「自分たちは上座であると自負している人々」ということになります。実際、南アジアや東南アジアという南伝仏教文化圏において、出家者の地位は非常に高く、民衆に信仰され尊敬を受けています。しかしこれは彼らが、「俺たちは上座だ。偉いんだ。だから敬え。布施をしろ」と強要しているからではありません。逆に、出家者の側から在家者の側に対して、あれこれ要求すること自体が禁じられているくらいです。南伝仏教文化圏における出家者は、「自分たちは上座であると自負している人々」というだけでなく、「上座であると自他ともに認められている人々」なのです。

　ではなぜ在家者たちは、「あの方々は上座なのだ。偉いのだ」という思いを抱くのでしょうか。最大の理由は、「出家者が具足戒を守っているから」です。本巻第62講で見たように、具足戒は、男性の出家者（比丘）であれば二百五十、女性の出家者（比丘尼）であれば三百五十にもおよぶ条項（学処）よりなっています。彼らは正式に出家する際にこれらの学処を守ることを誓います。厳しい学処を守って過ごすことを宣言し、それを実行している出家者を見て、在家者は「この方にはたくさんの〈真実のことば〉の力が蓄えられているのだ。だからこの方は勝れた福田なのだ。凄いのだ。偉いのだ」と感じて尊敬し、福徳（功徳、ご利益）を得ようと布施を行うのでしたね。

　一方、現在の日本仏教に目を転じるとき、具足戒を受けて出家し、それを護り続けている僧侶の方々はどれほどいらっしゃるのでしょうか。筆者は寡聞にして存じ上げません。そもそも、天台宗をはじめ、その流れを汲む諸宗派では、具足戒で出家することを遠の昔に止めています。具足戒を受けていない日本の僧侶は、南伝仏教文化圏では正式な僧侶とは見なされません。理由は簡単で、彼らにとって出家者とは具足戒を受け、それを護って〈真実のことば〉の力を貯めている人々（福田）のことであり、だからこそ出家者は尊敬され上座と見なされるのです。

日本の僧が坐すのは上座か「かみざ」か

筆者は「南伝仏教の出家者が正式で尊く、日本仏教の出家者は略式、もしくは非正規であって、尊くない」などと申し上げているのでは決してありません。すでに第2巻第40講で確認しているように、出家の在り方は、その社会の在り方と密接に関連しています。南アジア・東南アジア社会と日本社会とが違う以上、出家者の在り方が異なることも十分に可能なのです。「修行の仕方は必ずこうでなければならない。修行者の在り方は必ずこうでなければならない」という態度は、仏教の修道論の根本にある〈中道〉と全く相容れない性格のものです。まま見受けられる「南伝仏教至上主義」の方々には、まずはこの〈中道〉という、仏教の修道論の根本を見つめ直していただきたいと願っています。

と、同時に、南伝仏教か日本仏教かの違いを問わず、仏教における出家者は誰もが、在家者にとって尊敬される存在でなければなりません。言い方を換えるならば、どこの仏教かを問わず、具足戒を受持しているか否かを問わず、出家者は須く（すべから）上座（じょうざ）でなければならないのです。そうでなければ福田たりえず、布施を行う在家者の思いに応えることができないからです。

「いや、自分は葬儀やご祈禱などの儀式でお経を読誦して供養しているから、問題ない」と思われる方がいらっしゃるかもしれません。ここで、拙著『葬式仏教正当論』第1章31頁以降で扱った、「なぜ在家者は出家者に布施をするのか」を再確認しておきましょう。

在家者が出家者に対し布施をする理由は、伝統的に二つあります。一つは「出家者が福田だから」であり、もう一つは「出家者が儀礼・儀式を執行してくれるから」です。このうち、後者の理由が、「在家者が出家者に布施をする理由」として機能するためには、儀式という行為そのものに、在家者が何らかの価値を見いだしていることが前提条件となります。「出家者は、自分たちにはできない、とても大切な儀式を行ってくださる方なのだ」という思いがあって初めて、その儀式を執行する（法施（ほうせ）する）出家者に対して、在家者は財施（ざいせ）を行うのです。

では、もし在家者の意識が変化し、これまで大切だと思ってきた儀式に、余り、もしくは全く重きを置かなくなったとしたら、どうなるでしょう。儀式が行われない限り、後者の理由に基づく在家者からの財施もなくなります。結果、生き残れる出家者は、福田として機能できる者に限られるということになります。すでにご存じのように、現代は日本人の仏教儀礼に対する観念が大きく変化しつつある時代です。直葬（ちょくそう）の増加やネット通販大手を通した「お坊さん便」なるサービスの提供は、その変化がかたちになって現れたものといえるでしょう。

法要が終わった後での会食の席では、在家の方々は私たち僧侶を上席に置いてくださいます。

この上席に置かれる意味が、私たちを上座（じょうざ）だと思ってくださっているからなのか、それとも「お坊さんにはそのような扱いをするものだから」という理由でただ上座（かみざ）に置かれているだけなのかを、私たちは自らに問い直してみる必要があるはずです。直葬にせよ、「お坊さん便」にせよ、具足戒を持たない私たちの「福田性（ふくでんせい）」「上座性（じょうざせい）」がどこにあるのかを問う、私たちに向けられた「詰問」ではないかと筆者は受け止めています。私たち日本の僧侶はこの「詰問」に対し、謙虚に、そして真摯に向き合わなければならないと思います。

世俗の王と霊的・宗教世界の王と

さて、釈尊と波斯匿王との対話の場面で気づかされることは、釈尊が上座で王が下座であることです。この位置が入れ替わることは決してありません。このような順序のもとで、王の権威に傷が付いたりしないのでしょうか。いいえ、傷付くどころか、王の権威と王に対する民衆の尊敬の念は、王が釈尊に敬礼し自らを下座に置いたことによって、かえって増すのです。それはどうしてなのでしょう。

王が「地上世界（世俗の世界）の王」であるのに対し、釈尊をはじめとするブッダは「精神世界の王」と呼ばれることがあります。この場合の「精神」は、英語の「メンタル」ではなく「スピリチュアル」に対応することばなので、「霊的世界の王、宗教世界の王」と表現した方がより妥当かもしれません。第1巻第2講で、シッダールタ王子が誕生した際に、父王のシュッドーダナ(3)（浄飯王（じょうぼんのう））が王子の将来を、アシタ仙(4)に占ってもらったことを扱いました。その際、アシタ仙の「王子は転輪聖王になるかブッダに成る」との予言は、「王子は世俗の世界か、もしくは宗教世界か、どちらかの世界の王になる」との予言に他ならなかったのです。

インドの出家者は世俗内存在・社会的存在ではありません。カーストという世俗社会を、インドという地に物理的にとどまりながら宗教的に抜け出ることをインドでは「出家」と呼ぶのでしたね。世俗の世界にいない者に対して世俗社会のトップである王が敬意を払ったからといって、王の権威が失墜することは微塵もありません。敬意を払った相手は世俗内存在ではないのですから、王は依然として世俗社会のトップであり続けられます。それどころか、王が釈尊に敬意を払ったことで、王の権威はいっそう高められるのです。具足戒を受持している出家者は、それだけで福田です。ただし土壌に質の違いがあるように、出家者という福田にも質の違いがあります。より長期間にわたって具足戒を受持している出家者の方が、より多くの〈真実のことば〉の力を蓄えています。すなわち、早く出家した比丘の方が、より質の高い福田ということになります。

では、サンガの中で一番早く出家した方はどなたでしょうか。はい。それは釈尊です。釈尊によって仏教が創始されたのですから、仏教のサンガで最も法臘の長い出家者は、当然ながら釈尊ということになります(5)。釈尊をはじめとするブッダが最も勝れた福田であることはいうまでもありません。そしてその理由には、諸仏が素晴らしい仏徳をそなえていることのみならず、その法臘の長さもあったのです。そのような最勝の福田である釈尊に対し、王は「敬礼」し「対面の下座に坐す」という「種」を蒔きました。この種はやがては大きな福徳へと成長し、王のもとへと返ってくるのです。釈尊のもとで大きく育まれた福徳を受け取る王に対して、民衆は尊敬の念をよりいっそう抱くのです。

日本の僧が社会的存在であるわけ

インドにおける出家者は世俗内存在・社会的存在ではありません。そのため、一切の社会活動に携わる義務も権利も持ち合わせていません。では、日本ではどうだったのでしょうか。答えは、ごく僅かな例外を除き、日本の出家者は当初より社会的存在として、社会と関わる存在であり続けてきました。

仏教の日本への導入は、朝廷という為政者サイドによって行われました（前掲書第3章）。朝廷は仏教を「天竺由来の超絶呪術」と見なし、その呪術力によって朝廷を守護するとともに、天皇や高級貴族の祖先神を強化しようとしました。僧侶は「国家公務員」として厚遇され、朝廷に奉仕することだけを求められました。為政者という世俗の権力の守護に関わる以上、僧侶も社会的存在でなければなりません。当時、東大寺・観世音寺・薬師寺に設けられた戒壇（出家者に受戒させる施設）は「国家戒壇」として、朝廷の管理下に置かれました。この、「誰を僧侶にするか決める権限を世俗の権力が握る」という構図は、八二二年に比叡山延暦寺に大乗戒壇が公認された後も続きました。大乗戒壇が樹立された後も、国家戒壇は依然として機能し続けていたからです。

第65講 世界で一番自分が大切だとする人に釈尊はいかに説いたか

日本の出家者に課された困難な道

インドにおける出家者が世俗内存在ではなかったのに対し、日本の出家者は当初より社会的存在として、世俗の社会と関わる存在であり続けてきました。

上皇（譲位した天皇）が出家して法皇になったり、有力貴族が出家することも少なくありませんでした。彼らは出家した後も世俗の権力を保持し続け、「世俗内存在」として権勢を誇りました。また、甲斐の武田晴信は出家して「信玄」と号した後も、武田家の当主として一族を率い、数々の戦を経験しました。一方、比叡山の僧兵や石山本願寺などの例からは、僧侶が大挙して武装し、他の世俗の勢力と相争ったことが知られています。そして現在、日本人の僧侶は誰一人例外なく日本の国籍を有する「世俗内存在・社会的存在」です。「世俗内存在・社会的存在」として収入や報酬を得、税金を納めます。教員や民生委員や教誨師など、社会的役割を兼務する方も少なくありません。世俗の法律を犯せば、当然世俗の法に従って罰せられます。「僧侶だから不起訴」「僧侶だから法律に従わなくてよい」などということには絶対なりません（第2巻第40講）。

このように、インドとは異なり、大多数の日本の出家者は社会的存在として、社会・世俗と関わり続けてきました。ただしこれは、日本の僧侶・出家者が「俗人と全く同じ」であることを意味しません。前講から見てきたように、確かに日本における僧侶・出家者は、その身を世俗の内に置き、社会的な役割を果たしてきました。ただし出家者である以上、その「視点・眼差し・精神」は、どこまでも出世間的・超俗的でなければなりません。生活は俗人のようでありながら、必ずや精神は「厳密な意味での出家者の精神」でなければならないのです。

精神（心）と身体は相応します。身体の営みは心に反映され、逆に、心の営みも身体に反映されます。そのため、出世間的価値観を重んじる心を養うためには、生活自体を出世間的なものにする方が効果的です。南アジア・東南アジア仏教圏における出家者のあり方は、まさにこの考え方に基づいています。心を出世間のものに保つためには、世俗の中に身を置くよりも、僧院や森林に籠もる生活を送った方が楽なのです。日本の宗派の中にも、教育課程の中で「結界修行」を取り入れている例があります。これも、「世俗の中で修行するよりも結界に籠もって修行した方が効果的だから」という考えに基づいているのです。

その身を世俗の中に置きながら、心は出世間のものとして保ち続けなければならないという点において、日本の出家者は仏教史上、極めて稀で、また、困難な道を歩んできたといえます。事実その困難さゆえ、心まで世俗化してしまった例も少なくありません。先に見た、法皇や出家した有力貴族が権勢を誇ったことは、その最たる例です。

社会的かつ社会外存在であるべきわけ

しかし、常に出世間的な視点・眼差し・精神を保ちながら、社会の問題にコミットしようとした仏教者もあります。その代表的な存在が、日蓮宗の開祖である日蓮聖人（一二二二―一二八二）です。日蓮聖人は一二六〇年、『立正安国論』を時の権力者（前執権である北条時頼）に提出して、彼らの信仰を改めさせようとしました。この行動に対しては従来、「お坊さんなのに政治に口出しするとはなにごとか」「仏教の僧侶としての本分を逸脱している」との批判も呈されてきました。しかし日蓮聖人がどれほど政治的・社会的な問題を論じようとも、それらが全て出世間的な価値観に基づいてなされていることを、批判する方々は知るべきではないでしょうか。

――身を社会内・世俗内に置き、様々な社会的問題に関与しつつ、精神はどこまでも社会外・出世間を保つ――

これが、インド仏教とは異なり、当初より僧侶が社会的存在であった日本仏教における、僧侶のあるべき姿であると筆者は思います。

そしてこれは、何も筆者の独りよがりではありません。仏教では古来、蓮華が尊ばれてきました。それは、蓮が泥土に根を張りながらも泥水には汚されない清浄な華を咲かせることを、人間が煩悩の垢にまみれた俗世間・世俗社会に生まれながら、それを脱した清浄な菩薩・仏へと成長できることに喩えたからです。

しかしインドの世俗社会は、「血統主義」に基づくカースト社会であったため、その社会に根を下ろすと「生まれを問わず、行いを問え」（『スッタニパータ』一三六、一四二、六五〇）という教説[1]に見られるように、「行為主義」に基づく仏教の根幹が失われてしまいます。そのためインドにおいては出家者は、心のみならず身体・生活まで「泥土、泥水」たる世俗社会を離れる他はなく、その結果「根無しの浮き蓮華」となってしまいました。そこに、ムスリム勢力の軍事侵攻という「荒波」を受け、仏教はインドでは十三世紀初頭に消え去らざるを得なくなったのです[2]。

しかし日本社会はカースト社会ではありません。日本では仏教が、そして仏教者が、社会に根ざしながらきちんと清浄な華を咲かせ、その華の視座から社会の様々な問題に向かい合うことが可能なのです。実際、日蓮聖人はそれを実証しました。その名前が「日」と「蓮」であることは、決して偶然とは思われません。インドでは実現できなかった「仏教の蓮華」は、日本だからこそ華開かせることができるのです。私たち日本の仏教者は、この誇りと責任を胸に、よりいっそうの精進をしていかなければならないのだと、今回、意（意業）を新たにいたしました。

「自分が一番愛しい」に対する教誡

さて、祇園精舎に到着し、釈尊に敬礼した後に対面に坐したコーサラ国の波斯匿王(はしのくおう)は、自分も王妃末利夫人(まりぶにん)(マッリカー)も、「世界で一番自分が大切だ」と考えていることを伝えた上で、この考えが仏教的に正しいのか否かの判断を仰ぎました。それを受けて釈尊は、波斯匿王に次のように教誡したのです。

《あらゆる方向を心で探し求めてみても、自分より愛しい者をどこにも見つけることはなかった。このように、他人にとっても〝それぞれの自分〟が愛しいのである。それゆえ、自分を愛しく思う者は他人を傷つけてはならない》(『サンユッタ・ニカーヤ』第一巻、七五頁)

「あらゆる方向を探す」という以上、そこにははるか遠く隔たった場所も含まれます。それは、ヒマラヤ(雪山(せっせん))を越えた向こう側など、探しに行くことが現実的でない場所にいる人や、場合によってはすでにこの世を去っており、どうやっても対面が叶わない人であることもあるでしょう。ですから、足や乗り物などを使って探すのではなく、「心で」探し求めるのです。

「見つけることはなかった」については、文法的側面からと文化的側面からの説明が必要です。実はパーリ語原文では「見つける」という動詞の過去形単数であることは明白なのですが、[3]二人称と三人称が同じ形になるため、この動詞を眺めているだけでは主語が波斯匿王(二人称)なの[4]

か、それとも人一般（三人称）なのか判別ができないのです。また、文章中では主語自体も省略されており、主語から人称を決めることもできません。くわえて、主語を同じくする和訳末尾の「傷つけてはならない」に至っては、原文の動詞が願望法単数の[5]一人称、二人称、三人称いずれとも解し得るため、[6]「見つける」の人称を定める手助けにならないのです。

残された手段は「文脈に基づく判断」しかありません。今回の件ではまず、波斯匿王と末利王妃の間で誰が世界で一番愛しいかが話し合われ、「自分が一番愛しい」というお互いの共通理解が得られました。そしてその理解が正しいかどうかを判断してもらうため、波斯匿王は釈尊のもとへと参上していました。この文脈をそのまま尊重すれば、「末利王妃とともに、あらゆる方向を心で探し求めてみても、そなた（＝波斯匿王）は自分より愛しい者をどこにも見つけることはなかった」と、動詞を二人称で理解することは可能なように思われます。ところがこの「二人称と解する文脈判断」は、先に確認した「インド仏教の出家者は世俗内存在・社会的存在ではなかった」という歴史的事実・「文化的脈絡」と齟齬を起こしてしまうのです。

インドにおける出家者と政治の関係

先に触れたように、教誡中の「見つけることはなかった」と「傷つけてはならない」は主語を同じくします。したがって、「波斯匿王よ。あらゆる方向を心で探し求めてみても、そなたは自分より愛しい者をどこにも見つけることはなかった」と解する場合には、必然的に「波斯匿王よ。そなたは他人を傷つけてはならない」と読むことになります。この後半の読みが、歴史的事実・文化的脈絡と齟齬を起こすのです。

波斯匿王は為政者です。コーサラ国という世俗社会の王です。その世俗社会におけるルール（法律）を犯した者（犯罪者）に対しては、彼は為政者として刑罰を加えなければなりません。もし王が犯罪者を処罰せずに放置しておけば、世俗社会の秩序が崩壊し、人々は安心して暮らしていくことができなくなります。犯罪者を処罰すること・傷つけることは、世俗社会の安寧のためには、王としては絶対に放棄することができない「社会的義務（スヴァ・ダルマ）[7]」なのです。一方、釈尊は世俗社会を捨てた出家者です。インドにおける出家者は、一切の社会活動・生産活動に携わりません。社会的な事柄にも一切コミットしません。波斯匿王に対して「そなたは自分を愛しく思っているのだから、たとえ犯罪者とはいえ、他人を傷つけてはならない」と教誡することは、王に社会的義務の放棄を迫ることであり、極めて社会的な発言・行動となります。インドの出家者の一人である釈尊が、そのような社会的・世俗的な行動を取ることはあり得ません。もし釈尊が社会活動を行ったとしたら、その時点で出家者としての資格を失い、カーストというインド社会に逆戻り（還俗（げんぞく））することになります。それは、行為主義に立脚する仏教という宗教の根幹を否定することに他なりません。さらには、還俗することで、これまでの出家生活を通して蓄えてきた〈真実（サティヤ）のことば〉の力をも失うことになるでしょう（前講参照）。この力は、釈尊をブッダたらしめる原動力でもありました（第1巻第27講）。したがって、原文中の「見つける」「傷つける」を二人称の動詞と理解することは、「この教誡の時点で仏教という宗教は終焉を迎え、釈尊もブッダではなくなった」と理解するに等しいのです。しかし、実際には仏教はその後も連綿として続き、釈尊はブッダとして衆生を救済し続けました。

このように、歴史的事実・文化的文脈に基づき原文を精査するならば、「見つける」「傷つける」ともに、必ず三人称の動詞でなければならないのです。釈尊の教誡は、波斯匿王一人を対象としたものではなく、広く「人一般」を対象としたものだったのです。このことを踏まえて、先の訳文に少しことばを補って再提示しておきましょう。

《あらゆる方向を心で探し求めてみても、〔古来、人というものは〕自分より愛しい者をどこにも見つけることはなかった。このように、〔自分にとって自分が愛しいように、常に〕他人にとっても〝それぞれの自分〟が愛しいのである。それゆえ、〔誰であれ〕自分を愛しく思う者は他人を傷つけてはならない》

インド語の仏教文献の読み解き方

いかがでしたでしょうか。文法用語が出てきたので、最初は少しひいてしまった方もいらっしゃるのではないかと、内心危惧しています。

でも、今回お示ししたように、前後の文脈はもちろんのこと、文化的文脈（カルチュラル・コンテクスト）を最大限に尊重して読み解いていくことが、インド語仏教文献を読解する際の基本的態度なのです。外国語の文献を読むからには、語学力は当然必要です。しかしことばというものが、本来的に文脈（前後関係、そして文化）の中で使われ、文脈の中で働くものである以上、それを無視して正しい理解が得られる道理がありません。その最たる例が、拙著『葬式仏教正当論』第1章で詳しく扱った「シャリーラ・プージャー」[8]の誤解・誤読を巡る問題です。

入滅間際の釈尊は、当時まだ有学[9]であったアーナンダ（阿難）に対し、「私が入滅してもお前たち有学の者は自らの修行を続けろ。修行を休止してまで、私のシャリーラ・プージャーをしてはならない」と教誡しました。そしてここでいわれている「シャリーラ・プージャー」とは、原文の文脈を精査することで明らかになったように、納棺・火葬・遺骨塔建立という三要素よりなる、一連の遺体処置手続きのことを意味していました。

ところが従来は、この最も大切にすべき「文脈理解」が疎かにされ、「シャリーラといえば遺骨か遺体、プージャーといえば供養。だからシャリーラ・プージャーは遺骨供養もしくは遺体供養、すなわち葬式である。釈尊は僧侶が葬式に携わることを禁じたのである」という誤った理解がなされ、そしてこの誤った理解が半ば「常識化」してしまっていました。ネット上の百科事典の一つで、参照されることの非常に多い「ウィキペディア」では、かつては(10)この誤った理解に沿って「葬式仏教」の記事が作成されていました。

そしてこの「常識」が、日本のお坊さんたちに「自分は釈尊の御心に背く行為をしている」という、本来は全く必要のないうしろめたさを抱かせ、きちんと歩むことを阻害してきたのです。

第66講 自分を愛しく思う者は他人を傷つけてはならないという教誡

自分を護る者は他者をも護る者

自分も王妃末利夫人も、ともに「世界で一番自分が大切だ」と考えていることを伝えた波斯匿王に対し、釈尊はその考えを認めた上で次のように教誡しました。

《あらゆる方向を心で探し求めてみても、〔古来、人というものは〕自分より愛しい者をどこにも見つけることはなかった。このように、〔自分にとって自分が愛しいように、常に〕他人にとっても〝それぞれの自分〟が愛しいのである。それゆえ、〔誰であれ〕自分を愛しく思う者は他人を傷つけてはならない》（『サンユッタ・ニカーヤ』第一巻、七五頁）

同様の教誡が、最古層の仏典の一つである『ダンマパダ（法句経）』の第一三〇偈にも表されています。

《全てのものは暴力を恐れる。全てのものにとって〔自分の〕命は愛しい。〔他人を〕自ら

に引き寄せて、害してはならない。害させてはならない》

さらに『アングッタラ・ニカーヤ（増支部経典）』第三巻に見られる教誡も確認しておきましょう。

《自分を護る者は、他者をも護る者である。だからこそ自分を護れ。〔そのような者こそが〕賢者なのであり、いかなる時にも害されることがない》（同、三七三頁）

これらの教誡に一貫して見て取ることができるのは、「他者を自らに引き寄せる態度」であり、「自分を相手の立場に置こうとする態度」です。このような態度を、仏教では〈同事〉[1]といいます。

〈同事〉は、布施、愛語、利行とならんで「四摂事[2]（四摂法ともいいます）」を形成する徳目の一つです。「四摂事」は、人々を仏教へと引きつけ（摂し）、救済するための徳目であるとともに、仏教における対人関係の基本姿勢をも表しています。せっかくの機会ですから、ここで一つひとつの徳目を見ていくことにしましょう。

「四摂事」の第一である「布施」とは何か

布施は、サンスクリット、パーリ語ともに「ダーナ[3]」といいます。「与える」という動詞「ダー[4]」の派生語で、「与える行為」や「与えられる事物（施物ともいいます）」を意味します。

音写語は「檀那（旦那）」です。使用人がその家の主人を、そして妻が夫を「檀那さま」と呼ぶ習慣は「主人がお給金をくれる」「夫が稼いで家族を養う」ことに由来しています。もっとも、現在は家計の担い方が多様化していますので、後者に関しては、本当にただの習慣に過ぎなくなっているケースも多いことは、みなさんもご承知のことと思われます。

「檀那」という表現で、私たちに関係深いものは、なんといっても「檀家」、そして「檀那寺」でしょう。家単位で特定のお寺を金銭的に支える方々を「ダーナ（布施）をする家（檀家）」といい、布施を受けるお寺を「檀那寺」といいます。(5)

インドの出家者はカースト社会からの離脱者ですから、一切の生産活動・社会活動に携われません。ですから彼らは自らの生活の糧を、主として在家者からの布施に全面的に頼らざるを得ません。こうした背景もあり、布施の重要性は様々な局面で強調されています。この四摂事でも布施は第一に挙げられていましたね。また、大乗仏教における菩薩の実践徳目の代表とされる「六波羅蜜(6)（六つの徳目を完成させて覚りの彼岸に渡ること(7)）」においても、布施（布施波羅蜜）が第一に挙げられています。また、四摂事のうち、愛語（やさしいことばをかけてあげる）と利行（相手のためになる行いをする）も、広い意味では布施の一環といえます。これらのことからも、仏教という宗教における布施の重要性がよく分かりますね。

布施には古来、三種類あるといわれてきました。三種類とは、

・財施（ざいせ）
・法施（ほうせ）
・無畏施（むいせ）

です。財施は、自分にとって価値あるもの・大切なものを施す（手放す、放棄する）ことです。大切なものを放棄することを通して人は事物に対する執著を捨て去ることができます。また、福田たる宗教家に財施することによって、福徳・功徳・ご利益を将来「収穫」することもできます。出家者の生活を支える、在家者からの布施はこの財施に相当します。

財施におけるポイントは、あくまで自分にとって価値あるもの・大切なもの・捨てがたいものを放棄することとです。たとえば、要らなくなった古着を施しても、それは財施にはなりません。単に廃品を処分する手段として利用したに過ぎないからです。また、財施の際に問われるのは、その分量の多寡自体ではなく、それを施すことがその人にとってどれほど大変か、です。第2巻第32講で見たように、年収五千万円の人が三十万円布施するのと、年収三百万円の人が十万円布施するのとでは、後者の方が勝れた布施となるのです。

今、金銭の布施を例に出しましたが、財施の際の施物は、別段金銭や財物に限りません。時間、労力、座席、その他なんであれ、自分にとって価値あるもの・大切なものであれば、全てが施物となり得ます。つらいときにも関わらず、本当は泣き出したい気持ちを抑えて人々に笑顔を振る舞うのも、立派な財施です。逆に、落語や漫才を観て笑っても、それは財施にはなりません(8)。

法施は出家者に限られない

二番目は法施です。仏法（教え）を説いて人々を無上菩提や浄土へと導くことをいいます。また、仏法に則った儀式を執行することも法施と考えていいでしょう。加持祈禱を通して現世安穏という利益を与えたり、葬式や年回法要を通して故人に立派な仏さま・ご先祖さまになってもらったりすることも、法施に含まれます。

このようにいうと、「布施行として、在家者は財施を行い、出家者は法施を行う」とお考えになるかもしれません。確かに、一般的にそうした傾向が見られるのは事実なのですが、「在家者は財施だけ」「出家者は法施だけ」と定まっているわけではありません。たとえば、第2巻第37講では、在家の男性仏教徒（優婆塞）が、自分の息子の死を受け入れられないガウタミー(9)を、ことばをかけて救っていました。また、大乗経典の一つ『華厳経』の最終章「入法界品」では、五十三人の善知識（善き指導者）が登場していましたね（本巻第60講）。彼らのうち、実に半数以上までもが在家者なのです。在家者である彼らも出家者と並び、覚りを求める善財童子を教導し、童子が無上菩提を獲得できるまでに成熟させていきました。このように、在家者でもきちんと法施ができるのです。

一方、出家者も法施のみならず金銭を通した財施をすることができます。「あれ、具足戒では出家者は金銭の所有が禁止されているぞ。それなのに、なんで財施ができるんだ」と訝しく思われる方もあるかもしれません。はい。確かに具足戒の中には、「金銭を手にとってはならない」「金銭を使用して物を売り買いしてはならない」という条項（学処）があります。しかしこの学処は、字句通りに「触る」「自分で使用する」ことの禁止であると解され、「自分で触ったり、自分で使用しないかぎり、金銭を事実上所有することは可能である」という解釈のもとで運用されてきました。サンガ内には「浄人（じょうにん）」[10]という、出家者に労働奉仕（これも財施の一つです）をする在家者がおり、彼らが金銀を管理し、出家者の求めに応じてそれを使用し、出家者が金銭を通した財施をすることを助けたのです。実際、仏塔（釈尊の遺骨を収めた仏舎利塔。ストゥーパ）の建立に際しては、多くの出家者が費用を布施していたことが、考古資料の調査から明らかになっています。また、金銭を通さない財施であれば、出家者は浄人の手助けがなくても行うことが可能です。たとえば、釈尊十大弟子の一人で、「天眼（てんげん）第一」といわれる阿那律（あなりつ）（アニルッダ、アヌルッダ[11]）は盲目のため、自らの衣の修繕に手助けが必要でした。そこで、釈尊が「自分も功徳を積みたいから」という理由で針仕事を手伝ったこと（『増一阿含経[12]』第三十一巻）は、出家者である釈尊による財施（労働奉仕）といえます。

無畏施を通して誰もが観音菩薩に

布施の三番目は「無畏」を施す無畏施です。人々から「畏れ、恐怖」を取り除いてあげるのが無畏施です。大乗仏教の一大論師である龍樹（ナーガールジュナ、一五〇―二五〇頃）[13]作と伝えられる『大智度論』[14]（『大品般若経』[15]の注釈書。全一〇〇巻）に、三種の布施として、

《一には財施、二には法施、三には無畏施なり》（『大正新脩大蔵経』第二十五巻、一六二中）

として挙げられるなど、主に大乗経典や大乗論書で取りあげられることが多いため、無畏を施すことは大乗特有の観念であると考えられがちですが、『雑阿含経』[16]一一一五や『ジャータカ』第三八五、四三三、四八二経にも確認されることから、その源流は初期仏典にまで遡れることが分かります。ただし、この無畏施を有名（メジャー）なものにしたものは、何を置いても『妙法蓮華経』[17]「観世音菩薩普門品」における、次の一節でしょう。

《是の観世音菩薩摩訶薩は、怖畏急難の中に於いて、能く無畏を施す。是の故に此の娑婆世界に、皆、之を号して施無畏者と為す》（『大正新脩大蔵経』第九巻、五七中）

これに対応するサンスクリット原文は次のようになっています。

《善男子よ。この観世音（観自在）菩薩大士は、恐怖に怯えている衆生たちに無畏を施す。それゆえ、このサハー（娑婆）世界において〔かの菩薩大士は〕〝無畏を施す者（アバヤン

ダダ）[18]〟として知られているのである》（ケルン南条本、四四五頁）

このように、人々から恐怖を取り除いてあげることが無畏施であり、それを実行しているので、観世音（観音）菩薩は施無畏者と呼ばれているのです。このことを踏まえて先に挙げた『ダンマパダ』の一節をもう一度見てみましょう。

《全てのものは暴力を恐れる。全てのものにとって〔自分の〕命は愛しい。〔他人を〕自らに引き寄せて、害してはならない。害させてはならない》

この教誡は、特定の誰かに向けられたものではなく、広く仏教徒全般、理念的には全人類に向けて発せられた釈尊の強いメッセージです。人は誰であれ、肉体的・精神的の別を問わず暴力を恐れます。「この人は私を害するかもしれない」と怯えている他人を、「それは私の姿そのものだ」と、お互いがお互いを自分に引き寄せ合って、害さないことを誓い合い、相互に無畏を施していく――そのとき、その人は、まさしく施無畏者として、観音菩薩のハタラキを示現しているのです。そしてこのことからは、四摂事のうち、愛語、利行のみならず同事までも、布施と密接に関連していることが知られます。布施こそ、仏教という宗教を支える屋台骨なのです。

「観世音菩薩普門品」の中で釈尊は、観音菩薩は教化する相手に応じて三十三種類の姿かたち（三十三身）をもって現れる、と説いています。その三十三身には、およそあらゆる存在、生きとし生けるものが含まれています。相手の立場に立ち（同事）、無畏を施すとき、人は誰でも観音菩薩になれます。観音菩薩の三十三身とは、施無畏者の自覚を持ち、それを実行する私たちの姿に他ならないのです。

布施は三輪清浄でなければならないのか

布施に関してもう一つ述べておくべきことがあります。それは「三輪清浄」という考え方です。三輪清浄とは、施す本人（施者）も、施される相手（受者）も、そして施されるもの（施物）も、三者が全て執著を離れて空でなくてはならない、という考え方で、具体的には「布施を通して果報が欲しいという〝下心〟をもって布施してはならない」と教えられることが一般的です。

ただし、故奈良康明先生（駒澤大学名誉教授、元総長）は、この「三輪清浄」が初期仏典（原始仏典）には見いだされないことから判断して、大乗仏教の空思想が発展して「こだわらないこと」の美徳が説かれ、その影響で言い出されたものではないかと考えておられます。筆者自身もこの「三輪清浄」の考えは、少し空を強調しすぎているように感じています。

確かに「執著心」は人の無明を淵源としていますから、当然それは抑えられる必要があります。しかし、一切の果報を求めない布施など、果たして存在しうるでしょうか。実際、在家者が出家者に対して布施をするのは、

・出家者が福田だからご利益を求めて財施をする。

・出家者の法施を求めて財施をする。

これらが主たる理由です。そこには、「ご利益」「法施」という明確な果報が存在しています。「三輪清浄だ」ということでこれらの果報まで否定しては、出家者は財施を得ることができなくなり、その結果、仏教は滅びてしまうでしょう。また、「いや、自分は何も果報を求めてない。ただ、布施をしたいからしたいんだ」という考えで布施をしたとしても、やはり「布施をしたいという気持ちが満たされた」という果報が生じることになります。

では、何が善い布施で、何が悪い布施なのでしょうか。答えは明確です。根元的身勝手さである無明を抑える果報が得られるのが善い布施で、その逆が悪い布施です。その歩みが無明を抑える方向に向かっている限り、どのような歩みであれ仏教では〈中道〉です。布施も全く同じなのです。

第67講
他人に悪しきことばをなぜ使ってはならないか

ことばによる布施「愛語」

人々を仏教へと引きつけ救済するための徳目であるとともに、仏教における対人関係の基本姿勢をも表す「四摂事（ししょうじ）（四摂法）」は、布施、愛語、利行、同事よりなります。布施に続き、本講では愛語から見ていくことにしましょう。

愛語の原語は「プリヤヴァチャナ」[1]といいます。前半の「プリヤ」は「喜ばしい、好ましい、慈愛に満ちた」を、後半の「ヴァチャナ」は「ことば」を意味します。「喜ばしいことば」「好ましいことば」というと「おべんちゃら」や「媚びへつらい」と勘違いされやすいかもしれません。しかし仏教でいう愛語とは、相手の立場に立って、優しいことば、思いやりのあることばをかけてあげることをいうのです。したがって愛語は、「ことばによる布施」ということができるでしょう。自分の大切な時間を削って語る場合には、その愛語は財施となります。またそのことばが相手を涅槃に向かって歩ませる教えとなる場合には、その愛語は法施となります。さらには、そのことばが相手の畏れ、恐怖を取り除く場合には、その愛語は無畏施にもなります。

加えて、愛語が「相手の立場に立って」「相手のためになるような」ことばをかけるものである以上、愛語には「同事（自分を相手の立場に置く）」「利行[2]（相手のためになる行いをする）」の側面もあります。このように四摂事は、それぞれがお互いと関係し合っているのです。前講で見たように、利行や同事には布施の側面もありましたね。四摂事は、それぞれがそれぞれの性質・ハタラキを具えあっているのです。

このような、それぞれがお互いの性質を具えあっているさまを「互具」といいます。仏教思想史上で「互具」といえば、天台教学における「十界互具（仏界、菩薩界、縁覚界、声聞界、天上界、人間界、阿修羅界、畜生界、餓鬼界、地獄界の十界それぞれが、相互に他の諸界を具えあっていること）」が有名ですね。この十界互具も仏教の根幹である〈諸行無常〉できちんと説明できることを、第1巻第25講でお示ししました。

悪しきことばを取ってはならないわけ

さて、愛語に関しては『スッタニパータ（経集）』四五二で次のように説かれています。

《他人にとって悪しきことばを取ることなく、〔他人にとって〕好ましいことば、〔他人に〕

歓迎される、慈しみに満ちたことば（愛語）のみを語りなさい》

「悪しきことばを取ることなく」という表現は、非常に示唆的です。私たちはこれまでの言語習慣を自らの経験（アーラヤ）[3]として貯蔵しています（第1巻第12、13講）。そのアーラヤに基づいて、私たちは日々を過ごし、ことばを使っています。そのアーラヤの中には、これまで自らが使った、あるいは誰かに使われた、「悪しきことば」も入っているはずです。

残念なことに、そのような「悪しきことば」を含め一旦アーラヤに貯蔵されたものは、なかなか私たちの中から出ていってはくれません。しかも、何かの拍子にその貯蔵物を使用すると（取ると）、さらに深く強くアーラヤとして刻み込まれてしまいます。自らのアーラヤの中にある「悪しきことば」を取り、それを使用してしまうと「悪しきことばを使用する」という言語習慣が、さらに強烈に刻印されてしまうのです。

釈尊は、同じ『スッタニパータ』四五一で次のように教誡しています。

《自らを苦しめず、他人をも害さないことばのみを語れ。それこそが〈善く説かれたことば（善説）[4]〉なのである》

悪しきことばは、言われた相手のみならず、言った本人をも苦しめるというのです。先の教誡と併せれば、悪しきことばを使うとそれが自らにさらに深く強く刻印され、一層自らを苦しめてしまう、だから悪いことばを使ってはならない、ということになります。

「悪しきことばは自らを苦しめる」については、同じ『スッタニパータ』六五七で次のようなかたちで教示されています。

《人は生まれながらにして口の中に斧を持っている。愚か者は悪しきことばを語って、自らを〔その口中の斧で〕切り刻むのである》

「口中の斧」とは、古来「舌」のことであると解釈されてきました。もちろんその伝統的解釈は尊重されるべきですが、筆者としてはこの「口中の斧」にさらに、「言語運用能力」という意味を読み込んでみたいと思っています。

音声を使ってコミュニケーションを取り合う生物は、別段人間に限りません。実際、イルカやシャチに代表される海洋哺乳類は、相当に高度な音声コミュニケーション能力を有していることが確かめられています。それでもなお、私たち人類ほど高度な音声コミュニケーション能力、高度な言語運用能力をそなえた生物は、この地球上には存在しません。第1巻の「あとがき」で述べたように、人類は直立歩行をすることで、脊椎で真下から支えることによる「大脳」の驚異的な発達と、移動手段を足（後脚）のみに委ね、前脚を移動手段から解放したことによる「手」の獲得に成功しました。そして大脳の発達は人類に、地球上の生物史上最高とも呼べる高度な言語運用能力をもたらしたのです。

しかし、手が人類を幸せにする様々な道具を生み出すばかりでなく、人類を破滅に導く大量殺戮兵器や環境破壊を生み出してしまったように、人間のそなえた高度な言語運用能力は、私たちを幸せにする慈愛に満ちたことば（愛語）だけでなく、相手を苦しめ、そして自らをも苦しめる「悪しきことば」をも生み出し得てしまうのです。

自分に返ってくる「悪しきことば」

悪しきことばを使うと、自分自身が害されることは、仏教の根幹を貫く〈諸行無常〉からも説明されます。ある人が悪しきことばを使うのは〈悪しきことばを使うその人〉を形成する悪しきサンスカーラが発動されているからですね。悪しきサンスカーラによって形成された〈悪しき自分〉は〈真実の自己〉と乖離しているだけでなく、その距離（ギャップ）を維持、あるいは増大させていきます。一方で、善いサンスカーラによって形成された〈善い自分〉は、それが形成されたものである以上、やはり〈真実の自己〉との間には乖離があります。しかし〈善い自分〉はその乖離を解消し距離を縮めようとするのです。〈自己（真の私。アートマン[5]）〉を完全に回復した者は、ブッダに限られます。ブッダとは真理に目覚めた者であると同時に、〈自己〉の回復者でもあるのです。ブッダは仏教徒の完成形です。しかし私たちに求められていることは、即座に完成形に至ることではなく、〈真実の自己〉と〈形成されている自分〉との距離を縮めていくことなのです。

根元的身勝手さである無明を制御せず、貪[6]（貪り、貪欲）・瞋[7]（瞋り、瞋恚）・癡[8]（癡かさ、愚癡）という私たちを害する三つの毒（三毒）に翻弄されて悪しきことばを使う人は、涅槃の証得とは真逆の方向に進んでしまっています。〈諸行無常〉という視点に立つときには、悪しきことばを使うから害される、というよりも、すでに害されている（涅槃とは逆方向に進んでいる）からこそ悪しきことばを使ってしまう、という理解の方が本質的になります。

『スッタニパータ』と並んで最古層のパーリ仏典の一つとされる『ダンマパダ（法句経）』の冒頭で、釈尊は実に次のように教誡しています。

《〔実際に行われる〕ものごと（＝口業、身業）は意（意業）に先導され、意を主人とし、意によって作られる。もし汚れた意をもって話したり行ったりすれば、その者には、苦が付きまとう。車を牽く〔牛の〕足跡に車輪が付き従うように》

内面（意業）が汚れているからこそ、実際の行動（口業や意業）が汚れてくるという教誡です。悪しきことばを使う人は、すでに悪しきサンスカーラを発動させて内面を汚し、〈自己〉との乖離を増大させ、自ら苦（〈自己〉と〈自分〉の乖離に基づく思い通りにならなさ）を呼び込んでしまっているのです。

悪しきことばを使うと、相手のみならず自らをも苦しめてしまうことは、現代の脳科学でも解明されつつあります。ある学説によると、「脳は主語が理解できない」のだそうです。たとえば、「全く嫌な奴だ。いなくなってしまえ！」という相手に浴びせかける罵倒のことばはもとより、「本当に嫌な奴だよね」という相手に聞こえない陰口であったとしても、脳は「私は全く嫌な奴だ。いなくなってしまえ！」「私は本当に嫌な奴だよね」と理解してしまい、その結果、自己嫌悪に陥ることになるというのです。もし皆さんの中で、悪口や陰口を言った後になぜか自己嫌悪に陥ったことがあるとすれば、それは「主語が理解できない私たちの脳」に起因しているのかもしれません。ですから逆にいえば、相手を褒めると、それは自分が褒められたのと同じ状態になるのですね。

「凄いね」「よくできたね」と、どうぞ沢山誰かを褒めてあげてください。それは同時に、自分自身を褒めることになるのです。日蓮宗の開祖である日蓮聖人（一二二二―一二八二）は、信者に宛てた手紙の中で、次のように書き記しています。

《わざわいは口より出でて身をやぶる。さいわいは心よりいでて我をかざる[9]》

罵るバラモンたちと釈尊との対話

悪しきことばを取ることなく、愛語を発することの大切さが、仏教の文脈からも、また現代脳科学の学説からもご理解いただけたものと思います。では、もし皆さんが誰かに悪しきことばを使われたら、仏教徒としてどのように対応したらよいのでしょうか。実はそのことを教えてくれる経典が『サンユッタ・ニカーヤ（相応部経典）』第一巻に収められています。『罵り（ののし）』[10]と題された短いお経ですので、主要部を翻訳して紹介しましょう。

登場人物は釈尊と、バーラドヴァージャ[11]という姓を持ったバラモンの二人です。バーラドヴァージャは、一族の者がバラモンであることを捨て、釈尊のもとで出家して仏教の比丘になってしまったことに[12]腹を立て、釈尊を罵りにやってきたのです。経典は彼のことを〝罵る者バーラドヴァージャ〟と記しています。

《あるとき世尊は、王舎城〔の郊外〕にある竹林精舎のカランダカ園に住していた。

さて、〝罵る者バーラドヴァージャ〟というバラモンは、「〔同じ〕バーラドヴァージャ姓のバラモンが、沙門ゴータマのもとで出家して、〔バラモンという家系・カーストを〕捨ててしまったそうだ」と聞いた。不満を覚え憤激した彼は、世尊のもとへと赴き、近づいてから、卑しく粗暴なことばをもって世尊を罵り、誹謗した。

そのように〔罵り、誹謗する卑しく粗暴なことばを〕言われたとき、世尊は、〝罵る者バーラドヴァージャ〟というバラモンに次のように尋ねた。「バラモンよ、どうであろうか。そなたのもとに友人や同輩や親族や縁者や客人たちがやって来ることがあるだろうか？」

「〔当たり前だろう、〕ゴータマよ！　俺のもとには、時々、友人や同輩や親族や縁者や客人たちがやって来るぜ」

「では、どうであろうか、バラモンよ。そなたは〔彼らを歓待して、〕彼らに噛んで味わう食物や噛まずに味わう食物や美食を提供するであろうか」

「〔当たり前だろう、〕ゴータマよ！　俺は〔彼らを歓待して、〕時々〔彼らが来る度ごとに〕彼らに噛んで味わう食物や噛まずに味わう食物や美食を提供しているぜ」

「では、バラモンよ。もし彼らがそれを食さなかったとしたら、それは誰のものとなるのだろうか」

「〔何をさっきから当たり前のことばかりを聞いていやがるんだ、〕ゴータマよ！　もし彼らがそれを食わなかったとしたら、それは俺たち〔バーラドヴァージャ家〕のものとなる〔に決まっているじゃねえか！〕」

「バラモンよ、そのとおりである。罵ることのない私たち〔仏教徒〕をそなたは罵った。瞋らせることのない私たち〔仏教徒〕にそなたは瞋った。争論することのない私たち〔仏教徒〕にそなたは争論をしかけた。しかし、私たちはそれを頂戴しない。バラモンよ、〔したがって〕これ〔ら罵り、瞋り、争論のことば全て〕はそなたのものとなるのである。ところがバラモンよ、罵る者に罵り返し、瞋らせる者に瞋り返し、争論を挑む者に争論し返すならば、その者は〝共に会食し、食物を交換する人〟といわれる。それゆえ私たちは、そなたとは決して会食しないし、食物も交換しない。バラモンよ、これ〔ら罵り、瞋り、争論のことば全

て〕はそなたのものなのだ。〔全ては〕そなたのものなのだ、バラモンよ」》（同、一六一〜一六二頁）

そして釈尊は次の偈を説きました。

《瞋ることなく、〔よく心身が〕調(ととの)えられ、正しい生活を送り、正智をもって解脱しており、寂静の境地に達したそのような人（釈尊）に、どうして瞋りがあろうか。瞋れる者に対して瞋り返す人は、そのことによって〔自らも〕悪をなしてしまう。瞋れる者に対して瞋り返さないならば、勝ちがたい〔無明との〕戦いにも勝利を収めるのである》（同、一六二頁）

得心したバーラドヴァージャは三宝帰依を表明した上、出家を願い出ます。釈尊はそれを許し、受戒させせました。彼は程なくして修行を成し遂げ、解脱し阿羅漢となることができたということです。

この経典『罵り』からも分かるように、釈尊こそ「愛語使い」の第一人者です。『スッタニパータ』四五四は次のように述べています。

《〔人々を〕涅槃へと至らせるため、苦を終結させるため、ブッダの説いた心地よいことば、それこそが諸々のことばの中で最上である》

私たち仏教徒は釈尊を先達とし、規範とし、模範としながら歩んでいきます。相手のため、そして何より〈自分〉のため、心して（不放逸に、正念して）愛語を使ってまいりましょう。

第68講

一族の出家に憤激したバラモンに対する釈尊の教誡

釈尊を罵ったバラモン一族の出家

前講で見たように、バーラドヴァージャ姓のバラモン〝罵る者バーラドヴァージャ〟は、一族の者がバラモンであることを捨て、釈尊のもとで出家して仏教の比丘になってしまったことに腹を立て、釈尊を罵りにやってきましたが、釈尊の教化を受けて三宝帰依を表明し、自らも出家し仏教の比丘になりました。ところが、この一族の方々はよほどプライドが高かったと見えて〝罵る者バーラドヴァージャ〟に続き、その弟ともいわれるバラモンも釈尊のもとへやってきました。彼の名前を仏典（『サンユッタ・ニカーヤ（相応部経典）』第一巻）は「アスリンダカ・バーラドヴァージャ」(1)と記しています。「アスリンダカ」ということばは、「アスラ」と「インダ（サンスクリットではインドラ）」(2)と「カ」よりなっていて、「アスラ」は「瞋れる鬼神」を（アスラについては後述します）、「インダ」は「帝王」を、「カ」は「小さい」を表しますので、全体と

郵 便 は が き

お手数ですが
切手を
お貼り
ください

105-0012

東京都港区芝大門1-3-6

株式会社 **興山舎** 行

ご住所 〒　　　　－	
	電話
お名前（フリガナ）	FAX
ご職業	年齢　　　歳 ｜ 男・女

※住職・僧侶・寺族等の方はお差し支えなければ下欄にご記入ください

※ご宗派	※ご寺院名

のたびは本書をご購入いただき有り難うございます。今後の出版物の考にさせていただきたく、下記のアンケートにご協力ください。

ご購入の本の書名

本書へのご感想・ご意見などをお聞かせください。

〒105-0012 東京都港区芝大門1-3-6
興山舎 OHZANSHA
TEL 03-5402-6601 FAX 03-5402-6602
E-mail: jushoku@kohzansha.com
https://www.kohzansha.com/

しては〝瞋れる小鬼神王バーラドヴァージャ〟という名前だったことになります。先の、〝罵る者バーラドヴァージャ〟に続き、今回の〝瞋れる小鬼神王バーラドヴァージャ〟も、彼の本名ではなく、仏典編纂者が付けた「あだ名」でしょう。

以下、訳文を挙げて紹介します。

《あるとき世尊は、王舎城〔の郊外〕にある竹林精舎のカランダカ園に住していた。

さて、〝瞋れる小鬼神王バーラドヴァージャ〟というバラモンは、「〔同じ〕バーラドヴァージャ姓のバラモンが、沙門ゴータマのもとで出家し、〔バラモンという家系・カーストを〕捨ててしまったそうだ」と聞いた。不満を覚え憤激した彼は、世尊のもとへと赴き、近づいてから、卑しく粗暴なことばをもって世尊を罵り、誹謗した。

しかし世尊は沈黙したままであった。

そこで〝瞋れる小鬼神王バーラドヴァージャ〟というバラモンは〔世尊を言い負かしたと思い〕世尊に向かって次のように言い放った。

「沙門よ、そなたは敗れたのだ。そなたは言い負かされたのだ、沙門よ」

〔そこで世尊は沈黙を解き、〝瞋れる小鬼神王バーラドヴァージャ〟というバラモンに応えた。〕「愚か者は粗暴なことばを語りながら、〝勝利は〔我に〕こそ〔あり〕〟と〔誤って〕考える。しかし〔真理を正しく〕了知している者が〔それらの粗暴なことばを〕堪え忍ぶのであれば、彼にこそ勝利はある。

瞋れる者に対して瞋り返す人は、そのことによって〔自らも〕悪をなしてしまう。瞋れる者に対して瞋り返さないならば、勝ちがたい〔無明との〕戦いにも勝利を収めるのである。

相手が瞋ったのを知って、〔よく〕気をつけて心を静めているならば、自らと〔瞋っている〕相手の双方に利益をもたらすのである」》（同、一六三頁）

得心した〝瞋れる小鬼神王バーラドヴァージャ〟というバラモンは、先の〝罵る者バーラドヴァージャ〟と同様に三宝帰依を表明した上、出家を願い出ます。釈尊はそれを許し、受戒させました。彼は程なくして修行を成し遂げ、解脱し阿羅漢となることができたということです。これでバーラドヴァージャ姓のバラモンからの出家者は合計三名となり、しかも三名とも阿羅漢果を証得しました。怒りっぽいのは玉に瑕ですが、実は優秀な一族だったのですね。

インドに侵入してきたアーリア人

ここで「アスラ」[3]について説明しておきましょう。アスラは、漢訳の際には音写されて「阿修羅」となりました。省略形は「修羅」です。

「阿修羅」を『岩波仏教辞典第二版』で調べてみると、「血気さかんで、闘争を好む鬼神の一種」とあります。また『広辞苑第六版』では、「修羅場」を「血なまぐさい戦乱または勝ち負けを争うはげしい闘争の行われる場所」、「修羅の巷（ちまた）」を「激戦の場所。激しい争いの場所」と説明しています。はい。そうなのです。アスラといえば「瞋り」「争い、闘争」ということになっているのです。では、どうしてアスラは瞋りに満ちた、争いを好む鬼神なのでしょうか。

じつは元々、アスラは瞋ってもおらず、争いを好む鬼神でもありませんでした。インド語の「アスラ」はイラン語の「アフラ」[4]と同語源で、どちらも「生命神。生命を司る神」を意味していました。実際、古代イランの宗教であるゾロアスター教[5]における最高神は、「アフラ・マズダー」[6]と呼ばれています。ちなみに、「ゾロアスター」のドイツ語読みが「ツァラトゥストラ」[7]です。ドイツの哲学者フリードリヒ・W・ニーチェ[8]（一八四四―一九〇〇）の代表作、『ツァラトゥストラはかく語りき』[9]でも有名だと思われます。

では、そのような「生命神」であったアスラが、どうして瞋りに満ちた、争いを好む鬼神にな〔り下が〕ってしまったのでしょうか。最大の理由は「アーリア人のインドへの侵入（進入）」です。もとはカスピ海沿岸のコーカサス地方にあった遊牧民族アーリア人は、ある時期から大規模な移動を開始しました。西へ向かったグループはヨーロッパへと至り、現在のヨーロッパ諸民族の祖先となりました。いわゆる「白色人種」が「コーカソイド」と呼ばれるのは、アーリア人がコーカサス地方出身であったことに由来します。

一方、南下したグループはイラン、そしてインドへと至り、先住民族と交わりつつ、支配的な地位を占めていきました。インド諸語とヨーロッパ諸語が、ともに「インド・ヨーロッパ語族」という共通の言語家族（語族）を形成しているのは、この「アーリア人という共通の祖先を持っていること」によるのです。

遊牧民族のアーリア人は、騎馬民族であり戦闘集団です。なぜ遊牧民族が戦闘集団になるかといえば、彼らの財産である家畜の餌を確保するためです。家畜が牧草を食べ尽くしてしまうと、別の土地へと移動する（遊牧する）必要がありますが、その土地は別の人々の所有地であることもあるでしょう。そのような場合、彼らは武力をもってその土地を奪い取るのです。

この遊牧民族であり戦闘集団であったアーリア人が携えていた宗教聖典がヴェーダであり、彼らが信仰していた神々のことを「デーヴァ[10]（天）」と呼びます。第2巻第38講で見たように、ヴェーダ聖典には、

- **『リグ・ヴェーダ[11]』（神々への讃歌集）**
- **『サーマ・ヴェーダ[12]』（詠歌集）**
- **『ヤジュル・ヴェーダ[13]』（祭詞集）**
- **『アタルヴァ・ヴェーダ[14]』（呪文集）**

の四つがあります。もちろん、これらは一時に編纂されたものではなく、長い期間をかけて、徐々に形成されていったものですが、神々への讃歌集である『リグ・ヴェーダ』の「サンヒター[15]

（本集）」と呼ばれる主要部については、アーリア人がインドに入る以前の段階で、すでにかなりの部分が成立していたであろうと考えられています。

鬼神アスラはなぜ瞋っているのか

『リグ・ヴェーダ』で最も人気のある神（デーヴァ）は「インドラ」です。「インドラ」とは「帝王」という意味で、名前は「シャクラ[16]（力強き者）」であるといわれています。「神々（天）の帝王（帝）であるシャクラ（釈）」ということで、仏教には仏法の守護神「帝釈天」として取り入れられました。仏教における帝釈天絡みのエピソードは非常に豊かで、興味深いものが多いのですが、今はアスラを解説している最中ですから、範囲をヴェーダに表れるインドラのみに絞っておきましょう。

雷神ともされるインドラは、アーリア人戦士の理想化（神格化）された姿です。彼は金剛杵（ヴァジュラ[17]）と呼ばれる撲殺兵器を携え、飽くことなく迫り来る悪鬼と闘い、彼らを悉く打ち倒して（撲殺して）いきます。はい。そうです。強力なインドラに対して飽くことなく戦いを挑む、瞋りに満ちた悪鬼こそ、アスラに他ならないのです。

今、「インドラは理想化されたアーリア人戦士」だと言いました。では、アスラとは実は何だったのでしょうか。はい。もうお分かりですね。アスラとは「インドの先住民」あるいは「彼らの信仰するインド土着の神々」であったと考えられるのです。インドの先住民は先祖伝来の土地を守ろうと、侵入してきたアーリア人たちに武力をもって立ち向かいました。ただ、農耕民族であったインドの先住民と、遊牧民族で戦闘集団であったアーリア人とでは、戦闘能力も武器の性能も比べものになりませんでした。何度立ち向かっても、アーリア人にすぐに打ち倒されてしまいます。それでも自分たちの土地を守ろうとして、繰り返し挑んでいったことでしょう。この姿が、「強力なインドラに対して飽くことなく戦いを挑む、瞋りに満ちた悪鬼」としてアスラが描かれるようになった理由なのです。

「歴史は勝者が作る」とも言われます。アーリア人目線で編纂されたヴェーダ聖典の中では、インド土着の神々であるアスラ（阿修羅）は、ヴェーダ由来のデーヴァ（天）よりも下に置かれるとともに、「瞋りに満ちた、闘争を好む悪しき鬼神」として描かれることになりました。六道輪廻[18]においては、実に阿修羅は天はおろか、人よりも下の第三位に置かれています。当時の仏教徒たちは六道輪廻説を採用するにあたり、阿修羅が抱えていたこのような「悲しい事情」を承知していたのでしょうか。本当のところは知る由もありませんが、阿修羅を天はもちろんのこと、人よりも下位に置いているのですから、仏教もヴェーダ由来の神観念を、特に疑問を抱くことなく採用していることだけは確かです。このことは六道輪廻説を取りあげるまでもなく、今回見た仏典の中で、瞋れるバーラドヴァージャ姓のバラモンが、〝小阿修羅王バーラドヴァージャ〟と揶揄されていることからも明らかでしょう。仏教は、まずはインドに生まれ、インドで育まれた宗教なのです。

ただ、インドにおけるアスラは、後代になって見事な復活を遂げました。それがシヴァ神[19]です。シヴァ神の原形は、アスラの一柱であったルドラ[20]（熱帯モンスーンの神格化）だとされています（第2巻第55講）。シヴァ神は、ヴェーダ由来のデーヴァであったヴィシュヌ神[21]と並び、ヒンドゥー教における神格の双璧をなしています。いいえ。確かにヴィシュヌ神はその豊富な化身[22]（クリシュナ[23]やラーマ[24]が代表例）に人気があるためシヴァ神と張り合えていますが、ヴィシュヌ神単体で比べれば、その人気はシヴァ神に遠く及びません。インドの土着性を一身に集めたシヴァ神が、ヴェーダ由来のヴィシュヌ神に圧勝しているのです。一旦は負けたように見えて、実はインドの母なる大地はアーリア文化を呑み込み、消化吸収し、自らの血肉へと転じていったのです。

日本神話にある「国譲り」を読み解く

さて、インドにおける「外来文化が入ってきて先住民の文化を覆い、それぞれの神観念に上下の区別が生まれた」ことを見て、「あれ、どこかと同じだぞ」と思われた方も多かったのではないでしょうか。はい。それはどこあろう、私たちの日本ですね。

日本神話によれば、日本（瑞穂国(みずほのくに)。豊葦原千五百秋瑞穂国(とよあしはらのちいおあきのみずほのくに)）はもともと、大国主(おおくにぬし)（大国主命(おおくにぬしのみこと)。

大国主大神に代表される国つ神たちが治めていましたが、「国譲り（葦原中国平定）」を通して、天照大神をはじめとする高天原に住む天つ神に移譲された、とされています。

八百万の神といわれるように日本には沢山の神さまがいます。それらの神さまは天つ神と国つ神に分けられ、しかも天つ神の方が国つ神よりも上位に置かれます。天つ神がデーヴァ、国つ神がアスラだと思って見ていただくと、理解しやすいと思われます。

神話では、「国譲り」を求められた大国主は、

・自分の二人の息子が天つ神に従うこと
・自分のために立派な社殿を建てること

この二つの条件を出した上で、「国譲り」に応じたということです。

でも、本当でしょうか。先住民の長が、余所からやって来た者に「お前の国を譲ってくれ」と言われて、この二つの条件だけで応じることなどあり得るでしょうか。おそらくあり得ないことでしょう。インドにおけるデーヴァとアスラのように、天つ神（外来の人々）と国つ神（先住民）との間にも、何らかの武力衝突があったことは間違いないでしょう。しかし、その記録はどこにも残っていません。「国譲り」は話し合いを通して平和裡に行われたことになっています。[25] まさしく「歴史は勝者が作る」のです。

ただし、「自分のために立派な社殿を建てること」は、史実に則ったものであることがほぼ確

実視されています。古来日本には、「雲太、和二、京三（出雲太郎、大和次郎、京三郎）」という言い伝え（数え歌）がありました。日本の建築物のうち、大きいものから順に、「一番が出雲大社、二番が奈良東大寺大仏殿、三番が京都大極殿」という言い伝えです。ところが出雲大社は、確かに大きな神社ではありますが、「日本最大の建築物」とはいえません。そこでこの言い伝えも、日本神話に基づいた単なる創作ではないかと思われていた時期もありました。ところが二〇〇〇年に行われた調査で、巨大な柱の跡が発見されたことにより、出雲の大社が、今よりもはるかに大きな社殿を持っていたことが明らかになったのです。もちろん、出雲大社はこれまでに何度も倒壊・再建を繰り返しているため、創建当時からそれほど巨大であったかまでは、確かめることができません。ただし、かつて出雲大社が、天照大神を祀る神宮（伊勢神宮）をも凌ぐ社殿を構えていたことだけは、考古調査により確実となったのです。

『逆説の日本史』の作者としても知られる、歴史小説家の井沢元彦氏は、「国譲り」に際しては、実際は外来勢力と先住民との間に大規模な戦闘行為があったであろうとの推定のもと、被征服者側の出雲大社の社殿が征服者側の伊勢神宮よりも大きかった理由を、犠牲になった先住民の瞋りを静め、祟りをなすのを防ぐためと推測されています。読者のみなさんはいかにお考えになりますか。

4 仏教はインド古来のヴェーダの宗教といかに違うか

第69講 若き釈尊と波斯匿王との出会いから辿るヴェーダの宗教

波斯匿王が釈尊に問いかけたこと

これまで、コーサラ国の波斯匿王と王妃末利夫人との出会いに始まって（本巻第63講）、二人の間で交わされた「誰が一番愛しいか」という問いをきっかけに（第64、65講）、布施・愛語・利行・同事よりなる「四摂事」へ進み（第66講）、そこから「瞋り」の問題を考え（第67講）、その後「阿修羅の何たるか」を経て、日本神話に至るまで話が展開してきました（第68講）。ここで視点をもう一度、波斯匿王に戻したいと思います。

今でこそ篤信の在家仏教徒（優婆塞）となっていた波斯匿王ですが、以前はそうではありませんでした。息子の祇陀王子[1]が長者須達[2]を通じて、釈尊を上首とする比丘サンガに祇園精舎[3]を寄進した際にも、王は無関心だったようです。

ところが自国の首府である舎衛城の城外に、当時の比丘サンガにとって最大拠点の一つであった祇園精舎が造営され、釈尊をはじめとする比丘たちが毎朝托鉢のため城内を訪れるようになり、舎衛城の住民の中にも仏教徒となる者が出始めます。王の胸に「仏教を開いた釈尊なる人物は、本当にブッダ（真理に目覚めた聖者(しょうじゃ)）なのか。それともまやかしか」という思いが去来したのでしょう。

王は舎衛城を出立し、釈尊の住する祇園精舎へと向かっていきました。

今からご紹介するのは、『サンユッタ・ニカーヤ（相応部経典）』第一巻に収められている、釈尊と波斯匿王の出会いの場面を記した『若きもの（幼きもの、小さきもの）』(4)と題する経典の一部です。

釈尊のもとへと赴き、挨拶をしてから対面に坐した波斯匿王は、釈尊に次のように問いました。

《ゴータマさん、あなたさまは「私は無上菩提(5)を覚った」と私たちに公言されるのですか？》

（同、六八頁）

第2巻第39、52、54講で繰り返し確認したように、仏教徒は釈尊のことを「ゴータマ（サンスクリットではガウタマ）(6)」とは決して呼びません。敬意を込めて「世尊」や「尊師」などと呼びます。「あなたさま」というかたちで敬語は使ってはいるものの、それは相手が宗教家であるからというインドの社会慣習に基づくものであり、心からの敬意の表れではありません。そもそも仏教においては、仏さまを俗名で呼ばないという伝統があります（拙著『葬式仏教正当論』第5

章）。もちろん、この伝統・ルールは、仏教という宗教内部でのみ通用するものであり、まだ仏教外の存在であった波斯匿王には適用されません（第1巻第6講）。「ゴータマさん」という呼びかけ一つからも、波斯匿王がまだ仏教徒になっていないことが、よくお分かりいただけるものと思います。

釈尊に向けられた波斯匿王の懐疑

波斯匿王の問いを受け、我らが釈尊は次のように答えました。

《大王よ。もし「この者が無上菩提を覚った」と正しく言い得る者があるとしたら、それはまさしく私のことを言っているのです。大王よ。実に私は無上菩提を覚〔りブッダと成〕ったのです》（同）

インドには古来、救世主出現に関する伝説がありました（第1巻第2講）。それは、いつの日か地上世界の王である転輪聖王（てんりんじょうおう）(7)や、霊的・宗教世界の王であるブッダが出現し、私たちの敵（外敵や内なる敵である煩悩）を退治してくれる、というものです。伝承によって差があるものの、釈尊の成道は二十代ないし三十代（本講座では三十五歳説を採用）で、祇園精舎の寄進はそれから余り経っていない頃のことですから、当時の釈尊は、まだ「ピチピチ」の青年あるいは壮年でした。そのような若き者（幼き者）が無上菩提を得て、世界の悩み迷える人々を助ける伝説の救世主ブッダと成ったなど、波斯匿王にはとても信じられないことだったのです。波斯匿王はさらに問いました。

《ゴータマさん！〔多くの弟子の〕集いを率い、集団を率い、集団の師として、有名で、名声ある開祖であると、多くの人々によって尊敬されている沙門(8)（出家の宗教家）やバラモン（在家の宗教家）たちがいます。すなわち〔沙門の代表者では〕、プーラナ・カーシャパ(9)や、マスカリー・ゴーサーリプトラ(10)や、ニルグランタ・ジュニャータプトラ(11)や、サンジャヤ・ヴァイラティープトラ(12)や、カクダ・カーティヤーヤナ(13)や、アジタ・ケーシャカンバラ(14)たちです。彼らに対しても私は「あなた方は〝私は無上菩提を覚った〟と公言されるのですか」と尋ねましたが、等しく誰もが「私は無上菩提を覚った」とは公言しませんでした。ましてや、ゴータマさんは年齢も若く、また出家修行歴も短い新参者ではないですか！》（同）

波斯匿王は、高名で、多くの弟子を率い、しかも年長で修行歴も長い六名の沙門を引き合いに出し、彼らでさえ「自分はブッダと成った」などとは公言できないにも関わらず、年少で修行歴も短い釈尊が「自分はブッダと成った」と公言していることは信じられない、というのです。波斯匿王のように、釈尊のことを知らない人から見れば、これはこれで、当然の疑問であったでしょう。

六師外道とヴェーダの宗教

ここから暫くの間、波斯匿王が引き合いに出した、六名の沙門についての説明に入っていきます。仏教では、彼らのことを「六師外道（ろくしげどう）」と呼んでいます。「外道」というと、現代では「人倫の道に背く人でなしの悪漢」あるいは「釣りで、お目当てでないのに釣れた魚」など、よろしくない、あるいは非常に悪い意味で使われることばになっていますが、本来の「外道」ということばは「仏教以外の教え・歩み（道）」という意味で、何ら侮蔑の意味を含んではいません。これは、仏教の聖典（仏典）を「内典（ないてん）」、仏教以外の宗教の聖典（儒教の『易経（えききょう）』など）を「外典（げてん）」と呼ぶのと全く同じ理屈です。「六師外道」とは「仏教以外の教えを説いた六名の沙門」というほどの意味です。決して蔑称ではありません。

釈尊が活躍した紀元前六ないし四世紀のインド（特に東北インド）には、それまでのヴェーダの宗教（初期ヒンドゥー教）の権威を認めない、自由な思想・宗教を育む風潮が息づいていました。その中で、従来の在家の（＝カーストに留まったままの）宗教家であるバラモンとは異なり、カーストを捨てて出家し、自らの考え・歩みで覚り・解脱を目指そうとする人々が出現してきました。彼らは「沙門（シュラマナ。勤め励む者）」と呼ばれ、それ以降インドの宗教界は、ヴェーダの宗教を担う在家宗教家であるバラモンと、ヴェーダの権威を認めず、自らの歩みで解脱へ向かう出家宗教家の沙門という、二つの大きな流れに分かれ、発展することとなりました。仏教もヴェーダの権威を認めず、出家主義に立脚し、ヴェーダの宗教とは異なる歩みで解脱へと向かう宗教ですから、当然のように沙門の宗教の流れを汲んでいます。

先ほど「仏教以外の教えを説いた六名の沙門（六師外道）」といいましたが、バラモンの側に立って見るとき、彼らを「内道（ないどう）」とすれば、「ヴェーダ以外の教えを説いた、釈尊を含めた七名の沙門」ということで、「七師外道」ということになるでしょう。もちろん、この「七師外道」ということば自体は筆者の創作であり、実際に使われていたわけではありません。しかし、十四世紀に伝統的ヴェーダ哲学者マーダヴァ⑮の著した『全哲学綱要』⑯では、各宗教・思想・哲学がバラモン目線で区分されていますから⑰、「七師外道」と同様の発想がバラモン側にあったことは確実です。

しかも仏典とは異なり『全哲学綱要』の中では、それぞれの宗教がマーダヴァの視点に基づき「価値的」に順序づけられており、その中で仏教は、最下位に近いほど非常に低い位置にまで貶められています。仏教側としては当然反論したいところだったでしょう。しかし残念なことにインド仏教の主流派は、十三世紀初頭にムスリム勢力の侵入・攻撃を受け、すでに滅んでしまっており（拙著『葬式仏教正当論』第3章）、反論するにもその術がありませんでした。もしかするとマーダヴァさんは、仏教側が言い返してこないのを承知していたからこそ、仏教の位置づけをあそこまで落としたのかもしれないと、筆者は秘かに勘ぐっています。

ヴェーダの宗教の再確認

では早速、六師外道の説明を、といきたいところなのですが、その前に一つ準備をいたしましょう。それは、ヴェーダの宗教についての再確認です。仏教を含めた〈沙門の宗教〉は、ヴェーダの宗教の浸透していたインドの大地（文化）に生を受け、ヴェーダの宗教を土台・背景としながらも、あるものはそれを否定し、あるものはそれを乗り越えることで、新たな宗教の地平を切り開こうとしました。ですから六師外道を正確に理解するためにも、さらにいえば、仏教をより正確に理解するためにも、〈沙門の宗教〉が対決を挑んだヴェーダの宗教について、正しく理解しておくことが不可欠です。これより少しく紙面を割いて、ヴェーダの宗教について再確認しておきましょう。

第2巻第38講、および前講で見たように、ヴェーダ聖典には『リグ・ヴェーダ』（神々への讃歌集）、『サーマ・ヴェーダ』（詠歌集）、『ヤジュル・ヴェーダ』（祭詞集）、『アタルヴァ・ヴェーダ』（呪文集）の四つがあり、その中で重要なものを二つ挙げるならば、『リグ・ヴェーダ』の主要部（本集。サンヒター）と、各ヴェーダの末尾を飾る「ヴェーダーンタ[18]（ヴェーダの最終部にしてクライマックス）」、別名「ウパニシャッド[19]（等置。第2巻第41講）」です。両者の目指すところは対照的です。前者の『リグ・ヴェーダ』「サンヒター」が現世利益を求める讃歌・祈願（祈禱）であるのに対して、後者の「ウパニシャッド」は解脱という、世俗を離れた究極目標を目指すものだからです。

まず、前者の『リグ・ヴェーダ』「サンヒター」です。世俗的願い（除災や招福）を叶えたい祈願主（願主）はバラモンに対し、願いを叶えるに最も相応しい神と、その神を讃えるに最も相応しい歌を「サンヒター」より選び出し、その讃歌をその神に捧げてくれるよう願い出ます。なぜ願主自らが行わないかといえば、ヴェーダの知識は、事実上バラモンが独占しているからです[20]。願主はその際、バラモンに財施を行います。施物は古くは家畜を殺して捧げる「犠牲獣[21]」が一般的でしたが、おそらく仏教の影響もあって「不殺生[22]」の風潮が強くなると、穀物をはじめとする農産物へと切り替わっていきました。

財施を受けたバラモンは願主の願いに応じて最適の神と讃歌を「サンヒター」より選び出し、その讃歌を選出された神に捧げます。ヴェーダ聖典のことばには、言ったことがその通りに実現される不思議な力が宿っていると考えられていました。その力のことを「ブラフマン[23]」といいます。そしてこのブラフマンの力を持つ者を「ブラーフマナ[24]」と呼び、その音写語「婆羅門」をカタカナ書きしたものが「バラモン」なのです。バラモンとは、ヴェーダの知識を独占し、ヴェーダのことばに宿る「言った通りにものごとを実現させるブラフマンの力」をそなえた家系の人々のことなのです。

インド人の真実のことばへの信仰

『リグ・ヴェーダ』「サンヒター」に見られる「ヴェーダ聖典には世俗の願いを叶える不思議な力が宿っており、それを聖職者に読誦してもらうことで、願主は自らの願いを叶えることができる」という構造は、「お経には世俗の願いを叶える不思議な力が宿っており、それを僧侶に読誦してもらうことで、願主は自らの願いを叶えることができる」という祈願・祈禱の儀礼（修法）として、仏教にもほとんどそのまま受け継がれています（もちろん筆者は日本仏教には祈願・祈禱の儀礼を行わない宗派があることも存じています）。

このように「サンヒター」の祈願儀礼は、仏教に「祈願・祈禱の修法」として受け継がれたわけですが、実はさらに大きな影響を仏教に与えています。それは「真実（サティヤ）のことば」に対する信仰です。この講座で繰り返し確認してきているように（第1巻第7講等）、インドには古来、真実のことばに対する信仰がありました。でもそれも元を辿れば、「サンヒター」の祈願儀礼へと至り着くのです。

「サンヒター」の祈願儀礼においては、

①願主の願いに応じてバラモンは適切な讃歌を唱え、願主の願いを叶えよと神に祈る。

②ヴェーダのことばには「言ったことがその通りに実現される力」であるブラフマンが宿って

いるので、たとえば「インドラよ、そなたは力漲る最強の神だ」と讃歌を唱えられると、ブラフマンが発動され、インドラは「言った通りに」力が漲り、神々の帝王として君臨し続けることができるようになる。

③自分に力を与え、神々の帝王としての地位を保証してくれたことに感謝したインドラは、お礼としてバラモンの祈りを聞き届け、願主の願いを叶える。

　このような構造が成立しています。ここでインド人が注目したのは、②から③に至る「言った通りになることばによって願いが叶えられる」という部分です。なるほど、ブラフマンをそなえるヴェーダのことばはバラモンによって独占されていますから、ブラフマンを使って願いを叶えることはバラモン以外には不可能です。しかし、インド人は考えました。「ある宣言をし、その宣言通りに実行すれば、最初の宣言は〝言った通りになった〟ではないか。バラモンではなくても、このように宣言し実行することで、願いを叶えることができるのではないか」と。ここから、古来インドを貫く、そして日本にまで影響を及ぼした〈真実（サティヤ）のことばに対する信仰〉が生まれたのです。阿弥陀仏の四十八願[25]を含めた諸仏の誓願も、私たちが日常唱えさせていただいている「四弘誓願」も、全てはこの〈真実のことばに対する信仰〉に、さらには『リグ・ヴェーダ』「サンヒター」の祈願儀礼へと遡るのです。

第70講

仏教が説くべき本当の解脱とは輪廻からの離脱ではない

〈諸法無我〉の体得によりなぜ解脱できるか

『リグ・ヴェーダ』の「本集（サンヒター）」と並び、ヴェーダ聖典の中で重要なものは、四ヴェーダの末尾を飾る「ヴェーダーンタ（別名「ウパニシャッド」）」です。なぜ「ヴェーダーンタ」が重要なのかといえば、そこで「業[1]・輪廻[2]・解脱[3]」が説かれるからです。

この講座で繰り返し確認してきているとおり[4]、「業（行為、および行為の生み出す影響力）」によって、生きとし生けるものは輪廻（生死の繰り返し）を経験し続け、そのために苦を甘受し続けざるを得ない。この輪廻から解き放たれ（解脱し）、永遠の寂静の境地に至ることが、生きとし生けるものの最終目標である」という観念は、インド人のエートス（ある民族・文化・社会集団に共通する精神・気風・特性）として、広くインド文化圏の隅々にまで行きわたり、今日に至るまで脈々と息づいています。仏教も、まずはインドに誕生し、インドで育まれた宗教ですから、この観念を「本来的」に受け継いでいます。しかし〈サンスカーラの無常性（諸行無常）〉に立脚する仏教にとって、その観念は決して「本質的」ではありませんでした（第2巻第46講）。

ここで、第1巻第20講で見た「〈諸法無我〉を体得することによって解脱する」ことに関する教説を振り返っておきましょう。出典は『ヴィナヤ・ピタカ（律蔵）』第一巻です。

《比丘たちよ、このように〔五蘊はアートマンではないと〕観察する〔私の〕教えをよく聞いた聖なる仏弟子たちは、身体（色）を厭うて離れ、感受作用（受）を厭離し、表象作用（想）を厭離し、形成作用（サンスカーラ、行）を厭離し、識別作用（識）を厭離する。〔五蘊を〕厭離する者は貪著を離れ、貪著から解き放たれる（解脱する）。解き放たれたときに（解脱したときに）「自分は解脱したのだ」という知が生じる。「〔輪廻生存における〕再生はすでに尽きた。清らかな修行（梵行＝不婬の行）は成し遂げられた。なすべきことは果たし終わった。もはや輪廻生存を受けることはない」と正しい智慧をもって知るのである》（同、一四頁）

ここで明瞭に示されているように、仏教で求められていることは、色・受・想・サンスカーラ・識という五蘊（＝〈自分〉）を、真の私である〈自己〉（あるいは魂）であるアートマンと見なそうとする執著（貪著）を離れることなのです。このことは同時に「凡夫が見ている〈自分〉は真の〈自己〉ではないのだ」という〈如実知見[5]〉が実現されていることを意味します。〈如実知見〉が実現されたとき、その人には「私は〈自分〉を〈自己〉と見なそうとする貪著から解き放たれたのだ」という境地が証得されます。ここまでが仏教の「本質的」な文脈です。

インドでなぜ仏教は滅んだのか

ところが引用文では、この「本質的」な文脈は、インド人のエートスに則った文脈へと即座に載せ替えられていきます。すなわち、貪著から解脱したとき、その人には直ちに、「自分は輪廻から解脱したのだ」という知が生じているのです。そこには「解脱といえば、それは輪廻からの解脱だ」という、エートスに基づいたインド人の共通理解が確認されます。仏教の「本質的」な文脈が、仏教にとって「本来的」なインドの文脈の中へと「溶け込んでいっている」と表現してもいいでしょう。そしてこの「溶け込み」は初期仏典の段階ですでに行われているのです。

繰り返し確認しておきましょう。

「業・輪廻・解脱」の観念はインド人のエートスです。そして、これらの観念をエートスとして共有するインドの人々が、仏教を生み出し、育み、伝えてきたのです。ですから、仏教にとって「業・輪廻・解脱」の観念は「本来的」であり、仏教の教説の中にこの観念が見られることも、極めて自然なことです。しかし、私たちが常に注意しなくてはならないことは、仏教が継承している「本来的」なものによって、仏教にとって「本質的」なものが覆われてしまい、見えなくなってしまってはならない、という点です。もしこの点に注意が払われなくなってしまえば、仏教はヒンドゥー教の中へと解消（溶融）してしまい、私たちの目から見えなくなってしまうでしょう。インド仏教が辿った道が、まさしくこれでした。

拙著『葬式仏教正当論』第3章で詳しく扱ったように、十三世紀にインドで仏教が事実上滅んでしまった最大の理由は、仏教がカーストを形成することを拒否したことにありました。軍事侵入してきたムスリム勢力は、仏教を含め、インド既存の宗教者を殺害し、宗教施設を破壊し、施物を略奪していきました。しかしヒンドゥー教やジャイナ教など[6]、他のインドの宗教はその後復興を遂げたのに対し、仏教だけは滅んでしまいました。それは、他の宗教がカーストを基盤としていたため、親が殺されても子供がその跡を継ぐというように、構成員の自動的再生産・自動供給が可能だったからです。仏教の主流派（メインストリーム）はカーストを形成していなかったため、比丘・比丘尼という出家者にせよ、優婆塞・優婆夷という在家者にせよ、本人が仏教徒であっても、その子供が仏教徒である、もしくは仏教徒になる保証がなかったのです。

ただ、仏教が滅びてしまったのには、他にも理由がありました。それは「仏教が教義・儀礼の両レベルで、ヒンドゥー教の中に溶け込みきってしまったから」です。詳しくはいずれこの講座でお話ししますが、ここでは端的な例として、釈尊がヴィシュヌ神[7]の九番目の化身[8]としてヒンドゥー教に取り込まれた（溶け込まされた）ことを挙げておきましょう。

ブッダと比丘は同じ阿羅漢なのか

輪廻からの解脱の観念はインド人のエートスの根幹です。そのため、仏教において「本質的」であった「貪著からの解脱」も、すでに初期仏典の段階において、「輪廻からの解脱」というインドの「本来的」な文脈への「溶け込み」が行われていました。ところが、これが後に大きな問題を引き起こすことになります。

先の、五蘊（＝〈自分〉）がアートマン（＝〈自己〉）ではないこと（五蘊非我）を釈尊より聞いた五人の最初の仏弟子らは、今自分の手元に「取りあえず」あるものに永遠・自在を求めたがる貪著を離れる修行を実践し、その結果、心が煩悩から解き放たれ、恭敬・供養を受けるに値する尊者である「阿羅漢」となりました。

問題は、心が煩悩から解脱した阿羅漢の境地（阿羅漢果（あらかんが））が、そのままインド「本来」の文脈へと注ぎ込まれ、輪廻から解脱した境地と同一視されたことです。もちろん、阿羅漢の境地がブッダの境地と同じであれば、何の問題もありませんでした。実際、五人の比丘たちが阿羅漢果に到達したとき、原典は、

《この世間に、六人の阿羅漢（アルハット）[9]があることになった》（同、一四頁）

と記しています。「釈尊と五比丘を含めた六名の阿羅漢」との理解です。はい。当初はブッダと阿羅漢は、同じ境地に達した者を別個に表現したに過ぎなかった[10]のです。

ところが、紀元前後に大乗経典が登場する以前の、すでに伝統仏教の段階で、ブッダの境地と阿羅漢の境地とは区別されるようになりました。この「ブッダ≠阿羅漢」という新たな考え方が生じたことによって、先に述べた「仏教における解脱の意味がインド本来の文脈に溶け込んだこと」が大問題になるのです。「解脱とは輪廻からの離脱だ」というインド本来の文脈では、それが阿羅漢であれブッダであれ、何らかのかたちで解脱したからには、再度解脱することはあり得ません。もし阿羅漢とブッダが区別されるのであれば、阿羅漢として解脱した者は再度解脱することはできず、必然的にブッダとして解脱することができなくなります。結果として仏教では、阿羅漢は通常の比丘・比丘尼が到達できる最高の境地であり、ブッダの境地には極めて特別な者しか到達できないと考えられるようになりました。

ただ、「ブッダもアルハットだ」という初期仏典の記述は無視できなかったため、漢訳の際は同じ「アルハット」ということばを、仏弟子の到達できる最高位を表すときには音を取って「阿羅漢」と訳し、ブッダ（如来）の異名であるときには意味を取って「応供（おうぐ）」と訳し分けられるようになったのです。

南アジア仏教圏における『法華経』

仏教が「仏の説いた教え」であると同時に「仏に成るための教え・道」であるならば、後者の

「仏に成るための教え・道」を捨て去ってしまった仏教は〈本当の仏教〉とは呼べなくなります。「仏弟子はブッダには成れない。仏弟子の到達できる最高位は、ブッダではなくて阿羅漢だ」と主張する仏教が「小乗（劣った乗り物）」と呼ばれるようになったのは、「大乗（立派な乗り物）」側からの一方的な貶称では決してありません。〝此岸から〈中道〉を通して彼岸に渡って成仏するのが〈本当の仏教〉であるにも関わらず、途中の「阿羅漢島」までしか辿り着けない乗り物は、劣った乗り物だ〟という理解は、仏教が「仏の説いた教え」かつ「仏に成るための教え・道」である限り、当然呈せられてくるものだからです。

ところで、初期大乗経典の中に、仏教を「仏の説いた教え」であると同時に、「万人が仏に成るための教え・道」と理解する経典が登場しました。それが『法華経』[11]です。『法華経』は初期大乗経典の代表の一つですが、「最初期」の大乗経典ではありません。それ以前に初期の『般若経』[12]（『道行般若経』[13]系）や『維摩経』[14]があり、それらを受けた『法華経』は、例外なく万人が成仏できる教え・道である「一乗」[15]を初めて提示したのです。

詳しくは初期大乗経典を取り上げる際に扱うとして、ここでは「解脱」と「阿羅漢」に焦点を絞りお話しさせていただきます。

『法華経』が提示する「一乗」が、例外なく万人が成仏できる教え・道である以上、すでに阿羅漢果を得た者たちにも成仏の保証・予言（授記）が与えられなくてはなりません。ところが伝統的なインド仏教の文脈は「煩悩から解脱した阿羅漢は、同時に輪廻からの解脱も達成した」という「インドの文脈」へとすでに融解・溶融しています。解脱が輪廻からの離脱であるならば、一旦解脱した者が再度解脱することはあり得ません。そこで『法華経』は、「一旦解脱した者でも再度解脱できる」や「輪廻からの離脱は真の解脱ではない」という、「インドの文脈」ではあり得ない主張をするに至りました。

実はインド仏教一般（チベット仏教を含む）において『法華経』は、「阿羅漢も成仏できると主張している特殊な経典」という位置づけをされているのです。東アジア仏教圏における『法華経』（特に鳩摩羅什（くまらじゅう）[16]訳の『妙法蓮華経』）信仰の隆盛を知っている私たちからすると、にわかには信じがたいかもしれません。ですがインド仏教やチベット仏教における『法華経』の位置づけや役割は、東アジア仏教におけるものよりはるかに低く小さいのです。そしてインドやチベットにおけるそのような状況を生み出した大きな理由の一つが、『法華経』が〈「インドの文脈」を逸脱する解脱観〉を提示していたからなのです。

『法華経』は仏教の始源に帰る経典

『法華経』の示す「輪廻からの離脱は真の解脱ではない」という観念は、確かに「インドの文脈」を逸脱しています。インド人のエートスに基づいて見るとき、「解脱とは輪廻からの離脱である」ということは、「解脱」ということば・概念の定義そのものだからです。ただ、みなさん、思い返してみてください。仏教の「本質的」文脈では、解脱とは何を意味していたでしょうか。輪廻からの離脱を意味していたでしょうか。いいえ、そうではありませんね。仏教の「本質的」文脈では、解脱とは貪著・煩悩からの離脱でした。貪著・煩悩を離れることが、仏教における〈本当の解脱〉なのです。

それでは、貪著・煩悩の根本原因は何でしょうか。そうですね。仏教における苦の根本原因は、根元的身勝手さである〈無明〉です。そして〈無明〉の滅とは、〈無明〉を無くしてしまうことではなく、〈無明〉が働き出さないように抑え込んでおくことでしたね。

仏教は〈諸行無常〉に立脚する宗教です。「今、〝これが私だ〟という認識の対象となっている〈自分〉を作り上げる力・作用（サンスカーラ）が常に一定していない」ということを根幹にしている宗教です。たとえ一瞬（刹那）[17]は〈無明を抑え込む自分〉を形成する「善いサンスカーラ」が発動できても、次の刹那には〈無明のなすがままの自分〉を形成する「悪しきサンスカーラ」を発動させてしまうかもしれません。たとえ、ある刹那は〈無明〉を抑え込み、貪著・煩悩からの解脱に成功したとしても、次の刹那には元あったように、貪著・煩悩にまみれてしまうこともありえます。仏教における歩みとは〈無明を抑え込む自分〉である刹那をできるだけ多くしていくことであり、それは換言すれば、〈無明を抑え込む自分〉を形成する「善いサンスカーラ」

の発動をできるだけ多く、長くしていくことに他なりません。

仏教の「本質的」文脈では〈無明〉を抑え込むことが解脱です。そして〈諸行無常〉である以上、少しでも気を抜けば顔をもたげようとする〈無明〉を、私たちは繰り返し繰り返し抑え込んでいかなくてはなりません。仏教の「本質的」文脈では「一旦解脱した者も、引き続き解脱しなければならない」のであり、「輪廻からの離脱ではなく、〈無明〉を抑え込むことこそが真の解脱」なのです。

『法華経』の主張は、「インド一般の文脈」からは逸脱していますが、実は仏教の「本質的」文脈そのものであることがお分かりいただけると思います。今回見た「解脱」の問題に限らず、『法華経』という経典は散乱し溶融していく仏教を立て直し、もう一度仏教の始源へと立ち返ろうとした経典なのです。

第71講

インドにおける四姓と四住期と四大目標

ヒンドゥー教におけるサンスカーラ

四ヴェーダの末尾を飾る「ヴェーダーンタ（別名「ウパニシャッド」）」は、インド人のエートスである「業・輪廻・解脱」を説いており、仏教にも「本来的」な影響を与えてきました。ところが「業・輪廻・解脱」が仏教に与えた影響は、「本来的」なものに限らず「本質的」なものでもありました。なぜなら仏教という宗教の根幹を貫き、〈三（ないし四）法印〉の第一に挙げられる〈諸行無常〉も、実はヒンドゥー教の「業・輪廻・解脱」の観念がなければ成立し得なかったからです。

〈諸行無常〉の原語訳は「一切のサンスカーラは一定していない、定まっていない、持続しない、無常である」でしたね。

この講座で繰り返し説明してきたとおり、サンスカーラとは「〝これが私である〟と認識される対象」、すなわち〈自分〉を形成する力・作用（形成力・形成作用）のことです。ところがこの「サンスカーラ」という単語は、インド一般では全く別の意味で使われています。インド一般におけるサンスカーラとは、人生の節目ごとに行われる「通過儀礼（人生儀礼）」を指すのです。

通過儀礼は、社会的儀礼の一つです。人生の節目ごとに「この人は人生・社会におけるこのようなステージに到達しましたよ」と、本人に自覚を促しつつ社会に認知させる儀礼が、通過儀礼です。日本でも、七五三や成人式や結婚式やお葬式がありますよね。これらは日本社会における代表的な通過儀礼です。一方のインド社会では、生誕式、命名式、入門式、帰家式、結婚式、葬式などが主要なもので、これらが全て「サンスカーラ」とされています。なお、「なぜ通過儀礼がサンスカーラとされるのか」の理由、説明は次講で行い、本講ではインド文化を紐解き、インド人の本音と建前に迫ってみたいと思います。

このうち入門式（入門儀礼。原語「ウパナヤナ(1)」）とは、ヴェーダの学習を開始するための儀式で、ブラーフマナ(2)（バラモン。司祭階級）、クシャトリヤ(3)（王族・武人階級）、ヴァイシャ(4)（商農業者階級）、シュードラ(5)（肉体労働者階級）という四姓（ヴァルナ(6)）のうち、上位三ヴァルナのみ（しかも男子限定）に参加が認められているものです。インドの伝統的考え方では、人はまず「生物、生命体」としてこの世に誕生し、その後しかるべき時にウパナヤナを受けることで、「社会的な人間」として第二の誕生を迎えます。ウパナヤナを受ける資格を持つ者、すなわち、上位三ヴァルナの者たちは「再生族（ドゥヴィジャ）[7]」と呼ばれ、その社会的地位が安定していたのに対し、シュードラ階級の者たちは「一生族（エーカジャ）[8]」と呼ばれ、「生物、生命体」ではあるものの、社会的には人間の範疇には入れてもらえず、差別を受けてきました。

もっとも、後代になると四ヴァルナに含まれない「パンチャマ[9]（第五位の者）」という新たな被差別階級が生じ、シュードラ階級の者たちへの差別意識は薄まっていきました。その反面、パンチャマたちへの差別は激しくなり、これが現代に至るインドのひどい「不可触民（アンタッチャブル。スケジュールド・カースト）」差別へと連なっていくのです。

ヴェーダの知識とバラモンの特権

これまでこの講座では一貫して「ヴェーダの知識はバラモン階級が独占してきた」と説明してきました。ところが今回は一転、「ヴァルナの上位三階級が通過儀礼としてヴェーダ学習の入門式を受ける」と述べました。この、一見すると矛盾する内容が両立する理由を説明します。

入門式（ウパナヤナ）に参加する機会を有している点からみて、上位三ヴァルナの者たちにヴェーダ学習の機会が与えられていること自体は事実です。ところがまず、「学び始める時期」に違いがあるのです。バラモン階級の者が最も早くウパナヤナを受け、次にクシャトリヤ階級の者、そして最も遅くにヴァイシャ階級の者という順序づけがあります。早く学び始めた方が、より多くの学習成果が上がるのが当然で、必然的にバラモン階級の者が、ヴェーダに対する最大の知識を有するようになります。

また、三階級には「学び始める時期」の違いのみならず、「学び終わる時期」の違いもあります。インド伝統の「生活期法」[10]では、人の一生を百年とした上で二十五年ずつの四期（四住期）に分け、それぞれを、

- **学生期**（がくしょう）[11]
- **家住期**（かじゅう）[12]
- **林棲期**（りんせい）[13]
- **遊行期**（ゆぎょう）[14]

に配当します。学生期とは、師匠のもとでヴェーダを学ぶ時期、家住期とは家長となって家業を継ぎ、財を獲得し、結婚して子孫を生み育てる時期、林棲期とは家業を息子に譲って夫婦で隠居生活を送る時期、遊行期とは出家して解脱を求める時期、とされます。再生族である上位三ヴァルナの者たちは、学生期の間はヴェーダを学習しても、家住期になるとそれぞれの家業を担うため、学習を中止することになります。ところが一つの階級のみ、家住期になってもヴェーダと接することのできるものがありますね。はい。バラモンです。バラモンにとっての家業・義務は、ヴェーダの伝承とヴェーダに基づく儀礼の執行です。ウパナヤナを経て以降、バラモンの一生は

常にヴェーダとともにあります。ヴェーダの知識がバラモンに集中するのも、当然というわけです。

ヴェーダの伝承法に学んだサンガ

さらには、ヴェーダの伝承形式も大きく影響しています。現代でこそ学術研究のために文字化されてはいますが、第1巻第21講で見たように、ヴェーダは古来、口頭伝承（口承、記憶）によって伝えられてきました。もちろん「伝言ゲーム」でも分かるとおり、情報は常に劣化する（情報のエントロピーは常に増大する）ものですから、何の工夫もしなければ、ヴェーダの内容（情報）は時間経過と共に劣化し、もはや原形を留めてはいなかったでしょう。でも、インドの人々はきちんと方策を講じていたのです。それが「バラモンという家柄の者たちが、子々孫々ヴェーダを伝承する」というものです。バラモン階級に生まれた者は、家業・義務（ダルマ）としてヴェーダを伝承します。そして自分の記憶している内容に誤りがないかどうかを、常にバラモン同士で確認し合います。

「バラモンという家柄、集団」でヴェーダを伝承することによって、インドの人々は口承による情報の劣化を未然に防いでいたのです。クシャトリヤ・ヴァイシャ階級の者たちは、家住期に入るとヴェーダの学習を離れますね。それはそのまま「ヴェーダそのものから離れる」ことを意味します。ヴェーダが記憶の中にしかないものである以上、家業に勤しむうちにその記憶は徐々に劣化し、薄まっていきます。ヴェーダが口承に基づいていたからこそ、そしてヴェーダに基づく儀礼の執行をバラモンが家業・義務として有していたからこそ、彼らが実質的にヴェーダの知識を独占できたのです。

ちなみに、この「集団による口承を通して情報の劣化を防ぐ」方策は仏教にもそのまま採用されました。それが「サンガ(15)(僧伽。原義は〝集まり、集団〟)」なのです。

ヴェーダの学習と入門式

最後に、「ウパナヤナの形式化」を挙げておきましょう。確かにウパナヤナは、上位三ヴァルナの者たちのみに認められた、ヴェーダ学習の入門式です。ウパナヤナという通過儀礼を経た者のみが、ヴェーダを学習する権利を得ます。ただしそれはあくまで「権利」であって、クシャトリヤやヴァイシャ階級の者たちにとっては実際には、「あなたはもうヴェーダを学ぶことができる年齢に達したのですよ」ということを本人に自覚させ、社会的に認知するだけの通過儀礼になっていることが多いのです。この傾向は現代において顕著ですが、古代においても「俺たちはウパナヤナを受けることのできる再生族だ。一生族のお前たちシュードラとは違うのだ」という、再生族（上位三階級）と一生族（シュードラ）との線引きに使われた側面もあるようです。

もっとも、筆者は決して「インド史の全期間にわたってウパナヤナは形式的なものだった」と申し上げているのではありません。出家以前のシッダールタ王子をはじめとするクシャトリヤたちは、武芸や技芸とならんで、ヴェーダを学芸として学んでいました。それどころかヴェーダの最も枢要な教えである「業・輪廻」についても、元来はクシャトリヤに伝わっていたものがヴェーダに取り入れられたのではないかと考えられているほどです。

百年の人生における四住期の謎

さきほど、「四住期においては百年の人生を二十五年ずつの四期に分ける」と申し上げました。読者の中には、「古代インドの平均寿命は百歳だったのか」と驚かれた方もあるかもしれません。でも、この「平均寿命百歳」はインド最古の法典（ダルマ・シャーストラ）[16]である『マヌ法典』[17]（クリタ・ユガ）では人の寿命は四百年であったのに対し、現在の悪い時代（カリ・ユガ）ではから理念的に導かれるものに過ぎないのです。第2巻第51講で見たように、インドでは善い時代百年に短くなってしまった、と考えられています。ここから「百年の寿命を二十五年ずつの四期に等分する」という四住期が生まれたのであって、古代インド人の平均寿命が百歳であったわけではありません。実際はもっと短かったはずで（次講）、釈尊の「八十」という寿命ですら、インドでは例外的に長いものと見なされています。では、なぜ理念的に百年の寿命を、学生期・家住期・林棲期・遊行期の四期に分けたのでしょうか。

第2巻第35講ではインドにおける「人生の三大目標（トゥリヴァルガ[18]）」として、

①ダルマ（義務。ヴァルナ・カーストの成員に課せられる様々な規制に従うこと）

②アルタ（実利。ヴァルナ・カースト固有の仕事に従事し、利益を得て家族を育て養うこと）

③カーマ（愛欲。性行為を通して、ヴァルナ・カーストの成員を再生産すること）

があることを紹介しました。そしてこれら三大目標は全て、ヴァルナ・カーストの維持と存続に資するものでした。ところが実際はインドには、四番目の「人生の最大にして最後の目標」があるのです。それが、

④モークシャ（解脱。輪廻を脱して宇宙の根元であるブラフマン（梵）へと帰一し、永遠の平安・寂静の境地「シャーンティ[19]」に至ること）

です。インドの人たちは、ヴァルナ・カーストの維持と存続に資するトゥリヴァルガにどれほど専心しようとも、最後は今生におけるヴァルナ・カーストはおろか、無限の生死輪廻の世界自体を離脱し、ブラフマンと一体化することが求められているのです。

「業・輪廻・解脱」の観念は、ヴェーダ聖典の末尾にして極致である「ヴェーダーンタ」において確立された、インド人のエートス（ある民族・文化・社会集団に共通する精神・気風・特性）ですから、解脱を獲得することはインド人の究極の目標（ファイナル・ゴール）であり、その重

要性はトゥリヴァルガの追求とは比べものになりません。

ただ、それはあくまでも「理念」のうえのことであり、どこまでも「建前」なのです。衝撃的な事実をお知らせします。実はほとんどのインド人は、解脱を望んではいません。「ええっ？　解脱はインド人のエートスなのに、なぜっ⁉」と思われた方も多いと思います。より正確にいうならば、「ほとんどのインド人は、すぐさまの解脱を望んではいません」ということなのです。

インド人の解脱への建前と本音

解脱はインド人の究極目標ですから、それを望まないとは、インド人は言うことができません。ただ、ほとんどのインド人にとっては、永遠の平安・寂静の境地に至るのはもっと先でよく、それまではできるだけこの輪廻の世界に留まって、実利（アルタ）や愛欲（カーマ）を享受したいのです。これがインド人の本音なのです。

業・輪廻の観念をエートスとして持ち、カースト社会に生きるインド人にとって、現在の生活に完全に満足している人は皆無といっても過言ではありません。低い階級の方たちは「今生では階級が低く、つらいことばかりだ。今、解脱してたまるものか。来世はもっと上の階級に生まれ変わり（輪廻転生し）、より多くのアルタやカーマを享受してやるぞ」と願います。そしてそのような願いを持つことに関しては、ヴァルナ・カーストの最上位であるバラモンたちも例外ではありません。確かに、彼らはバラモンとして、ヴァルナ・カーストの最上位に君臨しています。でも、その階級は、あくまで人間界におけるものに過ぎません。六道輪廻の世界では、人間界の上には天界が位置しています。たとえ人間界最上位のバラモンたちでも、「人間の状態を経験しただけで解脱してたまるものか。来世は天界へと輪廻転生し（生天）、神となって、より多くのカーマを享受してやるぞ」と願うのです。天界の快楽は、人間界のそれをはるかに凌ぐと考えられているからです（もっとも、天界における苦痛もそれに準ずるのですが）。

「常に上のランクへの転生を望むインド人」にとって、現状で解脱してしまっては「もったいない」のです。ですが、解脱が究極の目標であること自体は、否定することができません。いかに本音では「まだ解脱したくない」と思っていても、「実は私は解脱したくないのです」と表明したり、解脱を求めない態度を取ることは、インド社会ではタブー視されています。なぜならば、解脱の観念はインド人のエートスだからです。その集団のエートスを無視する者は、その集団の一員ではいられなくなってしまうでしょう。

第72講 出家とは家を出ることではなく社会そのものから離れること

前講では、人の一生を百年とした上で二十五年ずつの四期（四住期）に分け、それぞれを「学生期（がくしょうき）」「家住期（かじゅうき）」「林棲期（りんせいき）」「遊行期（ゆぎょうき）」に配当する、インド伝統の「生活期法」について説明しました。

インド人にとって解脱とは何か

人生の三大目標である、義務（ダルマ）・実利（アルタ）・愛欲（カーマ）の追求を家住期（二十五〜五十歳）を中心に行った後、林棲期（五十〜七十五歳）には隠居して夫婦で静かに過ごし、遊行期に入る七十五歳になって初めてインド人の「究極目標（ファイナル・ゴール）」である解脱（モークシャ）。輪廻を脱して宇宙の根元であるブラフマンへと帰一し、永遠の平安・寂静の境地に至ること）を目指すことが可能となります。

ところがインド人は本音では、実はまだ解脱したくないのでしたね。遠い未来のいつかには解脱するにしても、彼らのほとんどは今はまだ輪廻の世界に留まり、より多くのアルタやカーマを享受したいのです。しかし「業・輪廻・解脱」がインド人のエートス（ある民族・文化・社会集団に共通する精神・気風・特性）である以上、「実はまだ解脱したくない」という本音を吐露することは憚られます。本音と建前の激しい乖離・ギャップに悩んだインド人は、彼らの悩みを一発で解決できる、もの凄い名案を考えつきました。それが生活期法なのです。

この生活期法に則る限り、解脱に向かって努力するのは遊行期です。その段階で年齢は七十五歳に達していますが、前講で述べたように、古来、多くのインド人がそれほど長命だったわけではありません。近代化と共に年々延び続けているとはいえ、平均寿命（男女）がまだ六十九歳に届いていないのですから（WHO世界保健統計二〇一六年版より）、古代インド人の多くは、遊行期を迎えるより先に自らの死を迎えていたのです。彼らには言い訳ができました。「私は解脱を求めようとしていた。ただ、とても残念なことに、遊行期を迎える前に〝別のお迎え〟がやってきてしまった。よし、来世こそは解脱を目指すぞ」と。そして実際には、来世は今生よりも少しでも上のランクの者として転生（てんしょう）し、より良質・上質のアルタやカーマを得ることを望んだのです。

ほとんどのインド人にとって解脱とは、無限遠の未来に獲得されるべき、いわば「究極の幻想（ファイナル・ファンタジー[1]）」なのです。

通過儀礼の効果は来世まで続かない

ここで、前講で保留になっていた「なぜインド一般では、通過儀礼のことをサンスカーラと呼ぶのか」の解説に入っていきましょう。そのため、第1巻第9講で見た、サンスカーラの語源的意味を振り返っておきたいと思います。

サンスカーラという単語は、語源的には「完全に作り上げること、全く作り上げること」を意味しています。それは、「不完全なものを完全にする」という点から「完成」という意味を持ち、また、「もともとないのに一から全く作り上げてしまう」という点で「虚構、潜在的形成力・形成作用」の意味を持つことになります。

この語を、仏教では専ら後者の意味で用いるのに対し、インド一般では前者の意味で「通過儀礼」を指すことばとして用います。これは、所属ヴァルナ・カーストごとに課される、社会的義務（ダルマ）としての通過儀礼の執行を通して、その人を、建前上は解脱へと、本音ではよりよい転生へと至り得る者へと「完成」させていくことに由来するからです。通過儀礼を行ったことによる「効果」が、その人を完成へと導くと信じられているのです。

日本における主たる通過儀礼は、葬式を除きその人の「今生」に資するものです[2]。ところがインドにおける通過儀礼は、その全てがその人の「今生と来世」の両者に資するものとして執行されるのです。ということは、インドにおける通過儀礼の「効果」は、今生を超えて来世まで持続すると考えられている、ということになります。仏教の根幹である〈諸行無常〉には、まさにこの「来世まで持続する通過儀礼の効果」を無力化・無効化する密意（みっち）(3)・裏の意味が隠されていたのです。

〈諸行無常〉のサンスクリット原文「サルヴァサンスカーラー　アニティヤーハ(4)」を和訳すると、「一切のサンスカーラは一定していない、常なるものではない、続かない」となります。この「サンスカーラ」を仏教本来の用法である「潜在的〈自分〉形成力・形成作用」と読むとき、〈諸行無常〉は「〈自分〉を形成する力・作用一切は一定していない、常なるものではない、続かない」という意味になり、サンスカーラが無常であるがゆえに〈自分〉の制御（コントロール、滅）が困難であることを私たちに認識させるとともに、サンスカーラが無常だからこそ〈自分〉を制御できれば成仏できることを私たちに教えてくれます。

では、この「サンスカーラ」を仏教本来の用法である「潜在的〈自分〉形成力・形成作用」ではなく、インド一般の用法である「通過儀礼」と読むとどうなるでしょうか。はい。「全ての通過儀礼の効果は続かない」、すなわち「通過儀礼をしても転生や解脱には結びつかない」という意味になりますね。これから順次ご紹介していく「六師外道」と並んで、従来のヴェーダの宗教（初期ヒンドゥー教）に異を唱える仏教は、彼らが大切にしている通過儀礼の効果を無力化・無効化し、「真に解脱を目指すなら、サンスカーラの無常性に気づき、サンスカーラの無常性に基づいて中道（＝八正道）を歩まねばならない」と主張したのです。この文脈での「サンスカーラ」に、「通過儀礼」と「潜在的〈自分〉形成力・形成作用」の両義が読み込まれていることは、いうまでもありません。仏教の教えの何たるかを示す〈三（四）法印〉の第一である〈諸行無常〉は、仏教の根幹をなすものであると同時に、通過儀礼を通してよりよい転生や解脱を目指そうとする「インド社会（ヒンドゥー社会）の常識」に対する、痛烈な批判でもあったのです。

「サンスカーラ」の読み替えから(1)

このことから三つのことが分かります。まず、仏教がヴェーダ由来のことばを用いながら、そこに全く別の意味を読み込んで使用している、ということです。今回見たのは「サンスカーラ」ですが、他にも枚挙に暇（いとま）がありません。中でも、この事例で最も代表的なものが「ダルマ」ということばです。

「法」と漢訳されるダルマは、仏教においては、①「万人が守るべき正義、規範」、②「真理、覚り、真実」、③「教え」、④「徳性」、⑤「事物、意識の対象」等の多義を持つ一方、インド一般ではほとんど唯一の意味で用いられます。それが、ここ数講で再確認してきた、人生の三大目標（トゥリヴァルガ）の第一である「ヴァルナ・カースト構成員が守るべき義務」です。この文脈でのダルマ（義務）には当然、通過儀礼の執行も含まれています。仏教はサンスカーラの無常性に立脚する宗教ですから、通過儀礼（サンスカーラ）の執行を義務（ダルマ）として容認することは断じてありません。仏教が〈諸行無常〉を主張する以上、ダルマの意味も必然的に移し換えられざるを得ないのです。

ちなみに、ダルマが仏教の文脈において、「ヴァルナ・カースト構成員が守るべき義務」から「万人が守るべき正義、規範」へと移し換えられたことが、仏教の布教・伝播と深く関係しています。紀元前三世紀にインド史上初の統一王朝を樹立したアショーカ王[5]（阿育王）は、仏教を大変重用し、インド内外へ仏教が広まることを助けました。確かに、アショーカ王自身が仏教の篤信家であったことは事実です。しかしそれ以外にも、仏教におけるダルマの用法が、インドの統一支配を維持する際に都合がよかったから、との理由が指摘されています（拙著『葬式仏教正当論』第2章）。

アショーカ王は「力（武力）ではなくダルマによる支配」を目指しました。ところがインド社会一般ではダルマは「ヴァルナ・カースト構成員が守るべき固有の義務」を意味しているため、当然のようにヴァルナ・カーストごとに異なります。たとえば、バラモン階級はヴェーダの祭祀を司ることを「自らのダルマ（ヴァルナ・カースト固有の義務。スヴァ・ダルマ）[6]」とするのに対し、洗濯屋階級は衣類を洗濯することをダルマとする、というようにです。これでは、統一王朝の支配原理（法）としては役に立ちませんね。

一方の仏教では、たとえば、

《実にこの世においては諸々の怨みは、怨み返しているうちは決して鎮まることがない。怨みを捨ててこそはじめて鎮まる。これは不変のダルマである》（『ダンマパダ（法句経）』五）

という教えに表されているように、変わることない、万人に共通の規範・正義としてのダルマを説くことができます。このように仏教におけるダルマは、インド社会におけるダルマとは異なり、ヴァルナ・カーストという枠に縛られない普遍的な正義を意味することができるため、異なるヴァルナ・カーストを包含するインドを統一支配するには、とても都合がよかったのです。アショーカ王はインド統一後、「ダルマによる支配」を行うことを自ら宣言し、インド各地に法勅（ほうちょく）を刻んだ岩壁や石柱などを作らせました。これが、それまでは「インド東北部におけるローカルな宗教」であった仏教を、一躍、インド思想界・宗教界の花形に押し上げる役割を果たしたのです。

「サンスカーラ」の読み替えから(2)

二つ目は、仏教の在家者に対する態度です。インド社会においてヴァルナ・カーストを離れる方法は二種類しかありません（前掲書第1章）。一つはインド社会を離れることであり、もう一つは一旦死んで、別のヴァルナ・カーストに転生することです。前者の「インド社会を離れること」にはさらに二種類があります。一つは、たとえば日本に移住するなどして物理的にインドを離れることであり、もう一つは宗教的にインド社会から離脱することです。そして後者の、宗教的にインド社会から離脱することこそが、インドにおける「出家」という行為なのです。漢字では「家を出る」と読めますので、「出家とは家を出て放浪することなのだ」という理解もあるようです。確かに「放浪する」と「遊行する」は同義と考えられますし、出家者は「遊行者（パリヴラージャカ[7]）」とも呼ばれますので、その理解もあながち間違いとはいえません。ただし漢字の「家」によって、出家の本来的意味が覆い隠されてしまいがちな面があることは否めません。なぜならばインドで出家者が「何から出る、離脱する」のかといえば、それは単に「家から」ではなく、「インド社会そのものから」だからです。インドにおける出家者とは社会からの離脱者なのです。

　このように、インドにおける出家者は社会（インド社会、カースト社会）からの離脱者ですから、ヴァルナ・カースト固有の義務（スヴァ・ダルマ）には縛られません（義務の放棄）。同時に、仕事をして収入・報酬（アルタ）を得ることも、性行為をして快楽（カーマ）を得ることも許されません（権利の放棄）。インドの出家者が在家者からの布施のみで命を繋ぎ、禁欲生活を送るのも、このような理由があったからなのです。また、インド仏教の出家者（比丘、比丘尼）

が、在家者が営むダルマ（義務）としての、葬式に代表される通過儀礼に関与できなかったのも、同様の理由によります。

一方、インドにおける在家者は当然、インド社会（カースト社会）に留まっていますから、ヴァルナ・カースト固有のダルマとして通過儀礼を営むことが義務づけられています。それは、在家仏教徒（優婆塞、優婆夷）とて例外ではありません。彼らはダルマ（義務として継承した生来の仕事）を通して得たアルタ（財、食物など）の一部を比丘、比丘尼に布施し、彼らを経済面や食事の面等で外護しつつも、自らは在家者として、カースト固有の通過儀礼を義務として営んでいたのです。しかし仏教は、そのような通過儀礼の効力を、「全てのサンスカーラは無常である（諸行無常）」という根本教説によって打ち消してしまいます。仏教の文脈では、在家者のうちは解脱への準備は全くすることができず、必ず出家することが求められます。インドにおいて仏教は、まずは出家者（沙門）のための宗教だったのです。

インド在家仏教徒が福徳を積む機会とは

インドの在家者は、それが仏教徒（優婆塞、優婆夷）でないかぎり、自分の所属するヴァルナ・カーストの義務（ダルマ）としての通過儀礼（サンスカーラ）を執行することで、解脱（現実には、よりよい転生）への「完成」に向けて、福徳を積むことができます。一方、仏教の場合、通過儀礼の効力を無効化していますから、その優婆塞や優婆夷がより篤信であればあるほど（より敬虔な仏教徒であればあるほど）、自らが営んでいる通過儀礼の持つ意味は純粋に義務でしかなく、そこから得られる効果はないものということになります。このようにいうと、「インドの在家仏教徒は仏教を信じたがために、かえって福徳が積めなくなってしまうではないか。それではあたかも、彼らが解脱やよりよい転生から取り残されたように思われる。それなのになぜインドの人たちは、あえて優婆塞や優婆夷となったのか」という疑問が生じるかもしれません。仏教を信じることは、〈諸行無常〉を受け容れることと同義です。信仰が浅いうちはその受け容れが不十分であることもありましょうが、篤信家になれば、心の底から〈諸行無常〉を受け容れなければなりません。ですから一見すると、篤信家の優婆塞・優婆夷からは福徳を積む機会が奪われてしまったように思われるかもしれません。

第73講 初期経典も大乗経典もどちらも人々の救済手段である

インドでも日本でも変わらない僧侶の責務

インドの在家仏教徒（優婆塞、優婆夷）は、本来なら、自分の所属するヴァルナ・カーストの義務（ダルマ）としての通過儀礼（サンスカーラ）を執行することで、解脱（現実には、よりよい転生）への「完成」に向けて、福徳を積むことができました。ところが、彼らは仏教徒となったがゆえに、言い換えれば、彼らが〈諸行無常〉、すなわち、

一、〈自分〉を形成する力・作用一切は一定していない。

二、通過儀礼を行っても来世には結びつかない。

を受け容れたがゆえに、通過儀礼を行っても解脱・よりよい転生に向けた福徳を積むことができなくなりました。

しかし彼らにとっては、通過儀礼を行うのに匹敵するか、あるいはそれを凌駕するほどの、大きな福徳を積む機会が得られていたのです。それが「福田(ふくでん)たる三宝に対する布施」です。インドの在家仏教徒は、三宝という勝れた福田に布施することによって、仏教徒ではない他の在家者が通過儀礼を通して得られる福徳より、はるかに大きな福徳を得ることが期待されたのです。その一例として、仏塔（ストゥーパ）[1]。仏宝）に対する布施によって来世の生天が期待されるという記述を見てみましょう。出典は、『ディーガ・ニカーヤ[2]（長部経典）』第二巻です。

《交通の要所には如来のストゥーパを建立せよ。誰であれ、そこで華や香料や顔料を献げて礼拝したり、心を浄めて信じるならば、そのことによって彼らには、長きにわたり、利益と安楽がもたらされるであろう。─中略─　彼らはストゥーパの前で心を浄めて信じたことで、死後、現在の身体を失った後に、善趣である天界へと生まれ変わるのである》（同、一四二頁）

いかがでしょうか。日本の檀信徒さんと同じ状況ではないでしょうか。日本の檀信徒さんもその多くが、七五三や成人式や結婚式（仏前を除く）等の通過儀礼を通して、来世に繋がる功徳を得ようとは考えていないと思います。一方、お寺やお坊さんに布施する際は、そのような功徳を得ようと考えて行われる場合もあるはずです[3]。「日本仏教はインド仏教とは別ものなのだ」という意見が、いかに正鵠を射ていないものであるかを、今回、改めてご確認いただけたものと思います。

仏教である以上、日本仏教もインド仏教も本質的差違はありません。それは、三宝の一つたる、僧侶である私たちのあり方も同様です。仏教では僧侶は僧宝として、須く勝れた福田でなければなりません。それが〈諸行無常〉に立脚することによって、インドの在家者から「通過儀礼を通じた福徳の獲得」を奪った、仏教という宗教が、そしてそれを担う僧侶が果たすべき、当然の責務なのです。このことについては本巻第64講でも確認していますが、「僧侶の結婚」を扱う際に、改めて詳しく考察したいと考えています。なぜならば、インド仏教や現在の南伝仏教等における僧侶（僧宝）の福田性は、何を措いてもまず、彼らの梵行（不婬の行）によって担保されているからです。

大乗仏教と小乗仏教——その教相判釈

前講では、仏教における「サンスカーラ」の読み替えから、

一、仏教がヴェーダ由来のことばを用いながら、そこに全く別の意味を読み込んで使用していること

二、仏教の在家者に対する態度

この二つを読み取ってきました。本講では第三として、

三、初期仏典を学ぶ重要性と必要性

を挙げたいと思います。「一」にせよ「二」にせよ、「仏教では、サンスカーラということばの読み替えがなされていた」という理解が出発点であり、しかもこのことは、原語レベルでサンスカーラということばを検討して、初めて分かりました。筆者はここで再度、インド原語（特にパーリ語）で、初期仏典を通して仏教を学ぶ重要性と必要性を喚起したいと思います。

パーリ語はサンスクリットと対比される中期インド語（プラークリット）[4]の代表的な言語で、南伝上座仏教（テーラヴァーダ・ブッディズム）の聖典用語として、南アジア・東南アジアの僧院を中心に、今日に至るまで伝えられ、用いられています。

仏教の伝播過程は、大きくは三つに分けられます。

一つめは、スリランカを経由して南アジア・東南アジアに伝わった「南伝仏教」、二つめは西北インドを経由してシルクロードに乗り、東アジア・東北アジアに伝わった「北伝仏教」、三つめはヒマラヤ越えでチベットに伝わった「チベット仏教」です。これら三者のうち成仏を目指すかどうかを指標（第2巻第30、44講参照）に区別すると、南伝仏教は成仏を目指さない小乗仏教であり、北伝仏教とチベット仏教が成仏を目指す大乗仏教です。

小乗（成仏に至れない劣った乗り物・教え・歩み）とは、大乗（成仏に至れる立派な乗り物・教え・歩み）側からの呼称であり、当初より、すなわちインド仏教の段階で、すでに価値判断を含んでいます。そしてこの価値判断は、北伝仏教の中国仏教における「教相判釈（きょうそうはんじゃく）（略して、教（きょう）

判）」を通して、よりいっそう鮮明に描き出されることとなりました。

教判とは、「釈尊が成道して以後涅槃に入るまでに多数の大小乗経典を説法したとする中国的仏伝理解にもとづいて、これら諸経典の教相もしくは教時を分判し、その順序次第を解釈して、それによって仏教経典の根本真理および仏道修行の究極目標を確立しようとする経典解釈学。―中略― 中国の仏教者がそれぞれの考えで経典を価値的に配列するに至った(5)」ものです。

中国仏教における教判自体については、いずれ詳しく扱いますので、ここでは代表例として、天台宗の「五時八教」と、華厳宗の「五教十宗」の名を挙げるに留めておきます。前者は『法華経』を、後者は『華厳経』を最優位・最上位に置いているという違いこそあれ、どちらも「小乗に対する大乗の絶対的優位」を主張している点においては、全く同じ地平に立っているといえます。

近代のインド学仏教学による成果

中国仏教と同じ北伝仏教圏に属し、漢訳経典をはじめ、中国仏教よりその多くを学んできた日本仏教においても当然のように、「密教を含めた広義の大乗優位」の教判が主流となりました。

二〇一七年九月現在、全日本仏教会に加盟している「主要な五十九宗派」は、その全てが成仏（往生を含む）を目指す大乗仏教の流れを受け継いでいます。各宗派の開祖の方々は独自の教判を展開し、それぞれの宗派の元となる教え・歩み・救いの道を見出されました。確かにそれらの間には、宗派の別による違いがあります。しかし、小乗に対する大乗の絶対的優位性を主張している点においては、違いがありません。そのため明治期に至るまでは、小乗経典（漢訳の阿含経典）に対する研究は後回しにされるか、あるいは全く等閑視され続けたというのが、日本仏教の実情でした。

この事情に変化が生じたのが明治時代です。いわゆる「文明開化」とともに西洋の学問が日本に移入され始め、その中に、「インド学仏教学 Indian and Buddhist Studies」があったのです。徹底した文献批判に基づく近代のインド学仏教学は、「八万四千の法門」とも呼ばれる仏教経典が、実は「釈尊一代の聖教（しょうぎょう）」ではなく、時代を経るに従って順次制作されたものであることを明らかにしました。これによって各宗派を支えてきた教判は、少なくとも学術的見地に立つとき、その再考を迫られることとなりました。

なぜなら近代のインド学仏教学は、

①各宗派の所依の経典が、歴史的釈尊の直説ではないこと。

②以前までは「小乗経典」として下位に位置づけていた初期仏典（原始仏典、阿含経典）の中にこそ、歴史的釈尊の直説が保持されている可能性が高いこと。

この二点を明らかにしたからです。これらのうち、特に①が日本の伝統仏教に非常に深刻な影響を与えました。もし各宗派の所依の経典が釈尊の直説ではないなら、従来の教判が成立しないどころか、そもそも「大乗経典が非仏説である」ということになりかねないからです。実際、明治期以降、「大乗非仏説論」が興り、伝統教団はその対応に追われることとなったのです。

「大乗非仏説論」はなぜ誤りなのか

「大乗非仏説論」を日本で初めて公にしたのは江戸時代の思想家、富永仲基（とみながなかもと）（一七一五―一七四六）でしょう。彼は一七四五年に『出定後語（しゅつじょうごご）』を著し、その中で、全ての経典が釈尊の一代において説かれたわけではなく、歴史的進展に伴って順次付加されていったという「加上説（かじょう）」を唱え、大乗非仏説論を展開しました。江戸期は仏教の力が強かったため、富永の説は批判を受け、大きな影響力を及ぼすには至りませんでしたが、明治以降、彼の説が学術的には正当であることが確かめられました。以後、明治の日本仏教界では大乗非仏説論が嵐のように吹き荒れたのです。

ところが現在では、大乗非仏説論は下火となっています。それは何も、「大乗経典も歴史的釈尊の直説」と証明されたからではありません。インド学仏教学の進展に伴い、大乗経典はおろか、初期経典ですら釈尊入滅後に編纂されたものであり、たとえ初期仏典に戻ったとしても、歴史的釈尊の肉声を探り当てることは困難であることが判明したためです。筆者はこの事実を踏まえた上で、二点について申し述べたいと思います。

一点目は、「大乗経典はおろか、初期仏典すら釈尊の直説ではないのか。それでは仏典の中に〝仏説〟と呼べるものは存在しておらず、全てが後代の人の創作に過ぎないのか。仏教・仏典自体が非仏説なのか」という誤解を抱かないでいただきたい、ということです。第2巻第48講、および、拙著『葬式仏教正当論』第4章における議論を振り返っておきましょう。

キリスト教における聖書（神の声）が真理そのものと見なされているのに対し、仏教では真理である涅槃（覚り、菩提）は、凡夫に分かるかたちでは言語化することができません。だからこそ、釈尊は覚りを得た後、数週間にわたって沈黙を保ち続けたのです。仏教における経典（釈尊の声。仏説）は、真理そのものではなく、無明に苦しむ衆生を、衆生一人ひとりの違いに応じて真理へと導く、真実の救済手段です。

ここで重要なことは、「経典と真実の救済手段とが、完全にイコールで結びつけられていること」です。「釈尊が説いた経典だから、真実の救済手段」という一方通行ではありません。経典は真実の救済手段であると同時に、真実の救済手段は経典なのです。衆生を、たとえ一人でもよいから苦しみから救済し涅槃へと歩ませるのであれば、それは誰が説こうとも仏説たる経典であり、釈尊の肉声なのです。それが仏教という宗教における、釈尊と経典の関係なのです。「大乗非仏説論」も、「大乗はおろか、仏説など一つも存在しない」という誤解も、どちらも、仏教における釈尊と経典の関係に対する無知・無理解に基づくものに過ぎません。仏教における経典は、その全てが間違いなく仏説なのです。

初期仏典を学ぶ重要性と必要性

二点目は、「経典が全て仏説であることは理解した。それなら、特に初期仏典を学ばずとも、今の宗派の所依の大乗経典を学んでいればいいのではないだろうか。何しろ所依の経典こそ、私にとっての真実の救済手段なのだから」という理由で、初期仏典の重要性・必要性を看過していただきたくない、ということです。

筆者は決して「宗派所依の経典が、自分にとっての真実の救済手段である」ことを否定するものではありません。それどころか、この意見に対しては、全面的に賛意を表したいと考えているほどです。しかし、「それだから初期仏典は学ばなくてもよい」ことにはならないのです。

確かに、近代のインド学仏教学が明らかにしてきたように、初期経典（パーリのニカーヤ[6]と漢訳の阿含経典[7]）ですら、釈尊入滅後の編纂であり、その中に「歴史的釈尊の肉声そのもの」を探り当てることは困難です。しかし、仏典の歴史的編纂過程を見るとき、初期経典をもとに大乗経典が制作されたことは、疑いようのない事実です。大乗経典は初期経典を前提とし、その思想を発展させています。

たとえば、初期経典の「縁起説[8]」は、大乗仏教の中観派では「空性説[9]」、瑜伽行派では「唯識[10]

説」として受け継がれ発展を遂げました。すなわち、空性説や唯識説のおおもと・根底・基礎にあるのは縁起説ということになります。どんな分野であれ、基礎を学ばずして、発展問題・応用問題を正しく理解することは困難です。

古来、「唯識三年、倶舎八年」といわれてきたのも、伝統的部派教団の教理綱要書である『倶舎論』(11)を八年学んで、初めて大乗仏教の唯識思想が三年で学べることを表したものとされます。

そもそも、仏教は〈諸行無常〉に貫かれた宗教といっても過言ではありません。大乗経典といえども事情は同じです。ですが、初期経典とは異なり、大乗経典で〈諸行無常〉について詳しく説明することはほとんどありません。それは、大乗経典制作者たちにとって、〈諸行無常〉は基礎中の基礎であり、大前提であるため、ことさら解説する必要がなかったからです。日本において〈諸行無常〉の理解が正しく進まなかった点については、文学や風土の影響も大きいことはもちろん、日本仏教を永年にわたって担ってきた僧侶の方々が、自らの所属する宗派の勉強に重点を置く一方で、始源・根本であるはずの初期仏教の学習が後回しにされたり、大幅に省略・割愛されることが多いことにも起因しているのです（第1巻第1講）。

5 釈尊と同時代の沙門 六人の教えと違い(1)

プーラナ、マスカリン

第74講 王位を簒奪した阿闍世王はいかにして優婆塞になり得たか

原語で初期仏典を学びませんか？

前講で確認したように、仏教が〈諸行無常〉に貫かれている宗教である以上、たとえ、自分にとっての真実の救済手段が自らの宗派の所依の大乗経典（密教経典を含む）であったとしても、〈諸行無常〉について詳しく説明してある初期仏典（原始仏典）を学ぶことは、仏教徒である以上、必須の課題といえます。

しかも、でき得るかぎりは原語（パーリ語）で学んでいただきたいと願っています。「諸行無常」という四文字の漢字をどれほど見つめていても、そこから、「一、〈自分〉を形成する力・作用一切は一定していない。二、通過儀礼を行っても転生や解脱には結びつかない」という理解は生まれてきません。「滅」という漢字にどれほど親しんでいても、その真義が「コントロールする、制御する」にあるということは分かりません。

同様の例は「一切皆苦」「諸法無我」「涅槃寂静」「如来」「法」等、枚挙に暇がないほどです。しかも、どれもが仏教を本質的に理解するための用語や概念です。仏教を本当に理解するためには、どうしても原語で仏典に向かい合う必要があるのです。

「え、外国語、しかもインド語なんて、難しいんじゃないの？」と思われた方も多いかもしれません。でも、どうぞご安心ください。パーリ語は日本人にとって、サンスクリットはもちろん、英語よりもはるかに習得が容易な言語だと、筆者は自らの経験から実感しています。そうでなければ大学で、自分のゼミ生にパーリ語を教えたりはいたしません。

筆者の勤務している山口県立大学は、地方の小さな公立大学です。インド哲学や仏教学の専門講座を持っている旧帝大系の大学や宗門系の大学とは異なり、宗教・仏教に興味を持って入学してくる学生はほとんどおらず、ましてや、インド語を学ぼうと入ってくる学生は皆無です。そのような状況であっても、一、二年次に開講されている筆者担当の科目を受講することで宗教・仏教に興味を抱き、三年次以降、筆者のもとで卒業研究をしたいと願ってくれる学生が毎年います。

筆者の所属している国際文化学部国際文化学科では、学生は三年次より各教員の研究室に配属され、二年間かけて卒業研究を完成させていくことになります。筆者の研究室では三年次生に、研究の仕方や論文の読み方・書き方を教えるとともに、パーリ語を学んでもらっています。そして週一度のパーリ語の授業を通して、三年次生たちは半年も経てば、辞書を片手に初期仏典を、原語であるパーリ語で読めるようになっています。パーリ語はそれほどまでに、習得が容易なのです。

これを機会に、パーリ語を学んでみようと思われる方が、一人でも増えてくださると嬉しいです。

『沙門果経』から読み解く六師外道

さて、本巻第69講で触れた「六師外道（仏教以外の教えを説いた六名の沙門）」について見ていくことにしましょう。参照する文献は『ディーガ・ニカーヤ（長部経典）』第一巻所収の『サーマンニャパラ・スッタ（沙門果経）』[1]です。六師外道、すなわち、

①プーラナ・カーシャパ
②マスカリー・ゴーサーリプトラ
③アジタ・ケーシャカンバラ
④カクダ・カーティヤーヤナ
⑤ニルグランタ・ジュニャータプトラ
⑥サンジャヤ・ヴァイラティープトラ

これらのうち、[2]五番目のニルグランタ・ジュニャータプトラは、仏教とは姉妹宗教ともされる

「ジャイナ教」の開祖であることもあって、ジャイナ教側の資料によってその教義思想がよく知られているのに対し、他の五人については、彼らの教団が存続しておらず、資料も残っていないため、この『沙門果経』が唯一といってよいほどの現存資料なのです。

　このようにこの『沙門果経』は、まず「古代インドの仏教以外の思想・宗教」を知る上でも、非常に重要な資料となっているのです。なお、ジャイナ教という呼称は、本当は「ジナ教」あるいは単に「ジャイナ」と呼ぶのが正式なのですが、本講座ではこれまでの慣例に倣い、ジャイナ教と呼ばせていただくことをお断りしておきます。

『沙門果経』の舞台は、満月の夕べをむかえたマガダ国の首府王舎城（ラージャグリハ）から始まります。

〈王舎城の悲劇〉（第2巻第51講）を経て父王ビンビサーラを退け、自らがマガダ国の王となっていた阿闍世（アジャータシャトゥル）は、その日が「布薩日」であったことから、どこかの沙門（出家修行者）あるいはバラモン（ヴェーダ聖典を信奉する在家の宗教者）を訪ね、自らの心を浄めようと考えました。

「布薩（ウパヴァーサ、ウポーシャダ）[3]」は、もともと初期ヒンドゥー教（ヴェーダの宗教）において新月祭と満月祭に合わせて月二回行われていたもので、この日には在家者は心身を調え、宗教者のもとを訪れて儀式や説教を受けるという伝統があります。本人が仏教徒（優婆塞、優婆夷）であれば、当日は僧院（サンガ）を訪れることになるわけですが、阿闍世王はまだ優婆塞ではありませんでした。実はこの『沙門果経』の中で、阿闍世王は釈尊の教誡を受け、最後には優婆塞となることを申し出ます。したがってこの『沙門果経』は、〈王舎城の悲劇〉を通して王位を強引に簒奪した阿闍世王を、釈尊が仏教へと導いていく経典でもあるのです。

耆婆は阿闍世王をいかに導いたか

阿闍世王に、どの宗教者を訪ねたらよいかと問われたとき、ある大臣は次のように返答しました。

《国王陛下、かのプーラナ・カーシャパ（パーリ語ではプーラナ・カッサパ）はいかがでしょうか。彼は教団の主であり、大衆の主であり、大衆の師匠として知られており、高名であり、教祖であり、多くの者たちから聖人であると尊敬されており、〔人々を導く〕経験も豊富で、出家して久しく、長い人生行路を歩み、高齢に達しているお方です。国王陛下はかのプーラナ・カーシャパをお訪ねなさいませ。プーラナ・カーシャパをお訪ねになれば、おそらく国王陛下のお心は浄まることでしょう》（同、四七頁）

このように大臣にアドバイスをもらったのですが、阿闍世王は黙ったままでした。同様に他の五人の大臣たちも、順次に六師外道の他の五人を阿闍世王に勧めましたが、いずれの場合も阿闍世王は返答をしませんでした。実は阿闍世王はかつて彼ら六師外道のもとを訪れていたのですが、彼らの説教は王を満足させず、心を浄めることもなかったため、もう一度行きたいという気持ちが起きなかったのです。

どの大臣からの助言にも満足できなかった阿闍世王がふと見ると、傍らにいる侍医耆婆（ジーヴァカ）[4]が黙ったままでした。耆婆は釈尊在世時、王舎城で暮らしを営んでいた医師（小児科という説があります）で、マガダ国王家の血筋を受け継いでいるとも伝えられており、また、名医としてもその名を馳せていました。その耆婆が黙ったままなので、阿闍世王の方から尋ねると、耆婆は次のように返答しました。

《国王陛下、恵みをもたらすお方（世尊）であり、尊敬・供養に値する聖者（応供）である、かの正しく完全に覚ったお方（正遍知）が、千二百五十人の乞食修行者（比丘）よりなる大きなサンガとともに〔王舎城郊外にある〕私どものマンゴー林に住しておられます。かの世尊には〝かの世尊は応供であり、正遍知であり、智と行を兼ね備えており（明行足）、善く真理に到達しており（善逝）、世間の衆生をよく知っており（世間解）、最高のお方であり（無上士）、人を調教する御者であり（調御丈夫）、神々と人間たちの師（天人師）であり、ブッダ（仏）であり、世尊である〟との素晴らしい称讃の声が上がっております。国王陛下は、かの世尊をお訪ねなさいませ。世尊をお訪ねになれば、おそらく国王陛下のお心は浄ま

ることでしょう》（同、四九頁）

「如来の十号」[5]（ただし、ここでは如来は見られません）をもって讃えられる、正しく完全に覚ったブッダが郊外の園林に滞在していることを耆婆から聞いた阿闍世王は、その日の布薩の訪問先を、耆婆の推奨する釈尊に決めました。そこで阿闍世王は、耆婆に五百頭の牝象と自分の乗る牡象の計五百一頭を用意させると、五百頭の牝象には女性を一人ずつ乗らせ、自らも王が乗るに相応しい牡象に乗って、炬火の明かりに導かれながら、王舎城を出立して耆婆の所有するマンゴー林へと向かっていきました。

阿闍世王の振る舞いで分かること

このエピソードからあることが分かります。「そうだ。皆まで言うな。阿闍世王には五百人もの女がいたということだろう？」いいえ、違います。確かにその点については、いろいろな感情も交錯いたしますが、筆者が指摘したいのは、沙門（出家者）と在家者との間に存する、ある種の「緊張に満ちた関係」です。

阿闍世王はかつて布薩日に、「自分の心を浄めてもらおう」と思って六師外道のもとを訪ねていました。ところがその願いが叶わなかったので、「六師外道をお訪ねなさい」という大臣たちの勧奨に応じなかったのです。このように、在家者の「願い」に応じられない宗教者のもとからは、在家信者は去っていってしまいます。そしてこのことは、かつての日本においても同様だったのです。

日本におけるお寺（僧侶）と在家信者の関係は「寺檀関係」とも呼ばれます。これは、お寺と、お寺を布施（檀那）をもって財政的に支えるお家（檀家）との関係を示したものです（本巻第66講）。このような寺檀関係は、江戸時代の寺請制度に始まったと思われている方もいらっしゃるかもしれませんが、実は日本における寺檀関係の起源は、江戸時代以前に遡れるのです。江戸幕府は、主にキリスト教禁令の一環として、すでにあった寺檀関係に注目し、その関係を固定化するとともに、それまで寺檀関係を結んでいなかった家も含め、日本中の家がどこかの寺院と寺檀関係を結ぶという「寺請制度」を敷きました。この寺請制度のもとに成立した「檀家制度」は、明治になって寺請制度が撤廃されるに伴い廃止されましたが、それ以降も慣習として今日まで寺檀関係が続いてきています。

では、江戸期以前と江戸期以降において寺檀関係に見られる最大の変化は何だったでしょうか。それは、江戸期以降は寺檀関係が固定化されたのに対し、それ以前は流動的だったということです。寺請制度以前は、日本人は自分が檀家になるお寺（僧侶）を勝手自由に決めることができました。「この僧侶はきちんと修行しており人格も高潔だ。この人に葬式や祈禱や説法をしてもらおう。この人に安心安寧を与えてもらおう」と思ってもらえるお寺（僧侶）には檀家が集まる一方で、逆の場合は檀家が離れていきました。だからこそ僧侶は、自らの修行を支えるため（自利）、そして人々に安心安寧を与えるため（利他）、自らを鍛えて磨き上げていったのです。

慣習としての寺檀関係が崩壊しつつあるともいわれる今日、私たちは阿闍世王の振る舞いを見ながら、江戸期以前の寺檀関係をもう一度、見なおしてみる必要があるのかもしれません。

猜疑心を募らせた阿闍世王

医師耆婆の勧めに従い、釈尊に会おうと象に乗りマンゴー林に向かって進んでいった阿闍世王ですが、マンゴー林に近づいたとき、あることに気づき、恐怖を覚えました。

《友耆婆よ、まさかそなたは私を欺いているのではあるまいな。友耆婆よ、まさかそなたは私を騙しているのではあるまいな。友耆婆よ、まさかそなたは私を敵に売り渡すのではあるまいな。なぜなら、千二百五十人もの比丘衆よりなる大サンガが〔お前はこの林に〕あるというのに、くしゃみの音一つ、咳払いの音一つしないとは、これはいったいどうしたことなのか》（同、五〇頁）

千二百五十人もの人々がいるならば、普通はくしゃみや咳払いを含め、何らかの音がするはずです。ところがマンゴー林からは、「人のいる気配」が感じられなかったため、阿闍世王は耆婆が自分を欺いているのではないか、場合によっては、敵に売り渡そうとして自分を城から郊外の林へと連れ出し、敵が自分を害そうと息を潜めて待ち構えているのではないかと訝しがり、身の毛のよだつほどの恐怖を覚えたといいます。

もちろん、そのようなことはありません。耆婆の所有するマンゴー林には、間違いなく千二百五十人もの比丘衆よりなる大サンガがありました。阿闍世王がマンゴー林に到着したその当時、釈尊は円形の講堂（あるいは仮小屋）の中で、比丘たちに向かって説法をしている最中でした。釈尊の教えを一つも聴き漏らすまいと、比丘たちは全身全霊を傾けて、一人残らず釈尊の教えに聴き入っていたのです。

筆者には、比丘たちの気持ちがよく分かります。もし釈尊に面奉し、聞法できる機会があったとしたら、筆者も間違いなく、彼らと同じ行動をするでしょう。釈尊の「声」を直接「聞」く機会に恵まれた彼ら「声聞」たちには、羨望を通り越して嫉妬の念すら覚えてしまいます。

それにしても、阿闍世王の猜疑心の強さはいささか度を超しているように思われます。確かに阿闍世王率いるマガダ国は、波斯匿（はしのく）王率いるコーサラ国と交戦状態にあったことは事実です。しかしなぜ、阿闍世王は、高名な医師であり、友でもある耆婆が、自分を敵方に売り渡したのかもしれないなどと疑ったのでしょうか。なぜ王は、これほどまでに猜疑心が強かったのでしょうか。

第75講　父王殺害を明らかにした阿闍世に釈尊は何を説いたか

二つある〈王舎城の悲劇〉から分かること

当時のインド一の大国だったマガダ国の王、阿闍世（アジャータシャトゥル）は、侍医耆婆（ジーヴァカ）の勧めにより、布薩日に当たるその日に、釈尊を訪問することに決めました。ところが、首府王舎城の郊外にあるマンゴー林に、千二百五十人もの大比丘サンガとともに滞在している（はずの）釈尊のもとに近づいてみても、「大勢の人のいる気配」がしないことに気づいた阿闍世王は、耆婆が自分を欺き、敵方に売り渡そうとしているのではないかと疑いました。阿闍世王が、侍医であるだけでなく、相談相手・ブレインであり、友でもあった耆婆を疑ったのには理由がありました。

第2巻第51講で見たように、原典版〈王舎城の悲劇〉では漢訳版とは異なりマガダ国における王位の移譲は親（ビンビサーラ王）と子（阿闍世）との話し合いによって、ある意味では「平和裡に」行われており、誰一人死ぬことも、殺されることもありませんでした。出典は『ヴィナヤ・ピタカ（律蔵）』第二巻の「破僧犍度（サンガベーダッカンダカ）[1]」という個所です。パーリ聖典を伝える南伝上座仏教（テーラヴァーダ・ブッディズム）は、経典ではなく律中心の仏教であり（拙著『葬式仏教正当論』第2章）、また〈王舎城の悲劇〉について最も詳しく記述しているもの、『パーリ三蔵（パーリ大蔵経）』の中では『律蔵』の「破僧犍度」であるため、筆者は、〈原典版悲劇〉として「破僧犍度」の記述を用いたのです。

ところが『パーリ三蔵』のうち『スッタ・ピタカ（経蔵）』の中には、「阿闍世がビンビサーラ王を殺害し、王位を簒奪した」と伝承しているものも少数ながら存在しているのです。その代表例が、『ジャータカ（本生経）』第一五〇経である『サンジーヴァ・ジャータカ[2]』（阿闍世王が過去世にサンジーヴァという名の若者であったときの物語）と、今回参照している『沙門果経』なのです。

実に、『沙門果経』はその最終段で、阿闍世王に優婆塞となる決意を語らせるとともに、次のように父王殺害を懺悔（さんげ）させています。

《世尊よ、素晴らしいことです。それはちょうど、倒れたものを起こすように、覆われたものを明かすように、迷える者に道を指し示すように、暗闇で燈火を掲げてものを見させてくれるように、世尊は数多の手段を講じ（種々の方便をもって）教え（法）をお示しくださいました。ここに私は、世尊（仏）と教え（法）と、比丘サンガ（僧）とに帰依いたします。世尊よ、私を優婆塞としてお認めください。今日より命終するまで〔三宝に〕帰依いたします。

世尊よ、愚かさにまかせ、愚痴にまかせ、不善にまかせ、私は罪を犯してしまいました。かくいう私めは王権を得たいがために、正当で正しい父王を殺害してしまいました。今後長きにわたる〔悪業からの〕防御のため、世尊が私めのこの罪を罪として受け容れてくださいますように》（『ディーガ・ニカーヤ（長部経典）』第一巻、八五頁）

真実だった阿闍世による父王殺害

この懺悔を受けて、釈尊が阿闍世王に教誡します。

《大王よ、愚かさにまかせ、愚痴にまかせ、不善にまかせ、たしかにそなたは罪を犯した。かくいうそなたは正当で正しい父王を殺害してしまった。しかし大王よ、そなたは罪を罪として認め、如法に懺悔した。それゆえ、私たち（釈尊を上首とする比丘サンガ）は、そなたの罪を受け容れよう。なぜなら大王よ、罪を罪として認め、如法に懺悔し、将来にわたって〔悪業から〕防御すること、それこそが聖者〔である私〕の律が繁栄増大することに他ならないからである》（同）

そして阿闍世王が退去して後、釈尊は比丘たちに語りました。

《比丘たちよ、かの〔阿闍世〕王は〔悪しき〈自分〉が〕掘り起こされた。比丘たちよ、かの王は〔サンスカーラが制御され悪しき〈自分〉が〕破壊された。比丘たちよ、かの王がもし正当で正しい父王を殺害していなかったならば、まさしくこの座において、遠塵離垢（おんじんりく）の法眼を得たであろうに》（同、八六頁）

いかがでしょうか。阿闍世王が父王殺害を懺悔したのみならず、釈尊自身がそのことを認める発言をしています。事情は『サンジーヴァ・ジャータカ』の場合も同様です。第1巻第7、27講、第2巻第40、41講で詳しく見たように、釈尊は「事実と違うことは決して語らないお方」という意味で「真実語者」と呼ばれていましたね。その、「真実語者」である釈尊が、阿闍世がビンビサーラ王を殺したことを認めているわけですから、少なくとも『沙門果経』や『サンジーヴァ・ジャータカ』の編纂者にとって「阿闍世がビンビサーラ王を殺害した」ことは、真実であると伝承されていたことになります。

この傾向は、『パーリ三蔵』に含まれない注釈書（「蔵外文献」といいます）レベルになると、いっそう強く見られるようになります。近年の研究は、漢訳仏典に基づく北伝仏教の伝承が『パーリ三蔵』中には表れないか、あるいは一般的ではない場合であっても、蔵外文献には表れることがあることを示しています。

「阿闍世の父王ビンビサーラ殺害」も、まさしくこのケースに当てはまります。北伝仏教版〈王舍城の悲劇〉では、阿闍世は父王を殺害しています。一方、『パーリ律蔵』に基づく、すなわち、南伝仏教のオーソドックスな理解では、〈王舎城の悲劇〉は平和裡に行われました。その一方で、『パーリ経蔵』の一部や蔵外文献では、北伝版と同様の理解を示しているものが確認されました。(3)

今回のことからも、仏教文献が歴史上の事実を淡々と記述したものではなく、「仏典編纂者がその事実をどのように捉えていたのか」を示すものであることがお分かりいただけたものと思います。仏教の研究は、文献を通した宗教文化・精神文化研究であるとともに、人間研究なのです。

阿闍世王が猜疑心に満ちていたわけ

今でこそ耆婆は阿闍世王の侍医であり、相談相手・ブレインであり、友でありましたが、もともと耆婆は「マガダ国王の侍医・ブレイン・友」であったのです。そうです。かつて耆婆は、先王ビンビサーラの友であり、善き相談相手であり、侍医であったのです。王がビンビサーラから阿闍世に交代したため、耆婆の役割もそのままスライドしたに過ぎません。しかも先王ビンビサーラと耆婆とは、お互いに信頼し合った仲だったのです。中には「耆婆はビンビサーラの息子であり、阿闍世と耆婆は異母兄弟だった」とする伝承まであるくらいです。

一方、『沙門果経』の文脈では、阿闍世は権勢への欲望に目が眩み、正当な王である父ビンビサーラを殺害し、王位を強引に簒奪した大悪人ということになっています。亡き父と昵懇であり、知恵者であり、もしかすると自分と兄弟であるかもしれない耆婆が、先王に対する忠義心、亡き友に対する憐愍の情、あるいは父親に対する孝行の思いにより、自分に対して「復讐」する可能性は十分にあると、阿闍世王は恐れたのです。もちろん、耆婆にはそのような目論見は毛頭ありませんでした。むしろ、父殺しの大罪を犯した阿闍世王に懺悔の機会を与えようと、釈尊との面会を勧めるほどに彼のことを慮っていたのです。しかし、曇った阿闍世王の目には、耆婆が自分に対して復讐しかねない人物に映っていたのです。より仏教的に厳密な言い回しをするならば、無明を制御（滅、ニローダ）していない阿闍世には悪しきサンスカーラが発動され、〈耆婆が自分に復讐しようとしているのではないかと訝しがる悪しき阿闍世〉が形成されていた、ということです。悪しき心、魔は、相手（耆婆）の側にではなく、自分（阿闍世）の側にあったのです。

釈尊は『ダンマパダ（法句経）』の中で、次のように教誡しています。

《まだ悪〔業〕が熟していないうちは、悪人であっても幸運に遇うことはある。しかし、悪〔業〕が熟したときには、悪人は必ず諸々の災いに遭うことになる》（一一九）

《たとえ天空に逃げても、海中に逃げても、山奥の隠れ家に逃げ込んでも、およそこの世界のどこであれ、悪業が熟することから逃れられる場所はない》（一二七）

父王殺しという大罪を犯しても、まだその悪業が熟していないうちは阿闍世も簒奪した王位を楽しむこともできました。しかし、いつの間にかその悪業が熟すと、自分の侍医・友すら信じられないほどの猜疑心に苛まれることとなりました。阿闍世王はすでに、自らの悪業の報いを受け始めていたのです。そのような彼であっても、釈尊の教えを受けることで優婆塞となることを誓い、また、自らが犯した罪を正しく懺悔することで、その罪を浄化することができました。マイナスからのスタートであったとはいえ、やっと「善悪ゼロ」の位置にまで戻せた阿闍世王はこの後、優婆塞として今度は善業を積んでいくことになるのです。

阿闍世王の釈尊への興味深い質問

さて、場面は阿闍世王がマンゴー林へと向かおうとしているところに戻ります。耆婆から「自分は王を欺いて敵方に売り渡そうとなどしていない」と言われた阿闍世王は何とか気を取り直し、釈尊を上首とする大比丘サンガのもとへと向かいました。釈尊に礼拝し、比丘衆には合掌して敬礼した王は、釈尊と向かい合って坐りました。礼拝し、対坐しているところから判断しても、王が釈尊に相応の敬意を表していることが分かります。対坐した王が釈尊に対して質問していいかと問うたところ、釈尊が許可を出したため、阿闍世王が釈尊に次のように尋ねました。この質問がなかなか興味深いのです。

《世尊よ、［今の世の中には］様々な職能集団があります。たとえば象使い（象兵）、馬の乗り手〔騎兵〕、馬車の御者や世話係〔戦車兵〕、弓の射手、旗手、参謀、食糧部隊、王族出身の高級武官、突撃部隊、大象に比される勇者、勇猛果敢な戦士、革の胸当てを着けた〔下級〕兵士、下僕出身の兵士、調理師、理髪師、入浴介助の下僕、料理人、花輪職人、洗濯職人、織物職人、籠作り職人、陶器職人、占星家〔数学者〕、指輪製造人など、さらにまた、他にもこれらに類する様々な職能集団があり、彼らはこの世において、〔自らの〕職能の成果を目に見えるかたちで示すことを通して生活しています。彼らはそれ〔目に見えるかたちで示された自らの職能の成果〕によって、自らを安楽にし満足させ、父母を安楽にし満足させ、妻子を安楽にし満足させ、友人や知人を安楽にし満足させ、さらには、ヴェーダ聖典を奉じない出家修行者〔沙門〕やヴェーダ聖典を奉ずる在家の宗教者〔バラモン〕に対しては、〔来世において〕生天し天界の安楽な果報をもたらす、死後〔の安楽〕を目指した布施を確実に行います。

そこで世尊よ、ちょうど全く同じように、この世において、目に見えるかたちで、出家修行の成果〔沙門果〕を示すことはできますか？》（『ディーガ・ニカーヤ』第一巻、五一頁）

古代インド社会の様々な職能集団

阿闍世王の質問の要点はこうです。

──世の中には様々な職能集団があり、彼らは自らの能力を発揮して生活の糧を手に入れ、自身、家族、知人の「今」を支えているが、同時に、出家・在家の宗教者に布施することで「来世」の安心も手に入れている。では宗教者側は「今生における成果」を示すことができるのか。──

言い換えるならば、宗教者自身は修行を通していかなる現世利益を得ているのか、という質問です。一般の人々が、宗教者に対する布施や、宗教者自身の修行によって、「生天という来世の安心安寧」は手に入れられるとしても、果たして宗教者自身は修行を通して、現世においてどのような利益を得ているのか、と阿闍世王は問うているのです。これは、葬祭や祈禱・祈願儀礼を通して在家者に功徳・利益をもたらしている出家仏教者自身、すなわち、僧侶である私たちが、いかなる果報、現世利益を得ているのか、という問いに他なりません。果たして釈尊は、どのようにこの問いに答えていくのでしょうか。私も僧侶の一人として、非常に興味があるところです(4)。『沙門果経』のテーマは、この「仏教の僧侶がいかなる果報を現世において得るのか」を説くことにあるのです。

阿闍世王の質問が興味深い点は他にもあります。それは質問の中で、具体的に二十種以上の職能集団が列挙され、さらに他にも様々な集団があることが示唆されている点です。これは、釈尊の在世時には（より正確にいえば現行の『沙門果経』編纂時には）「ブラーフマナ（バラモン。司祭階級）」「クシャトリヤ（武人・王族階級）」「ヴァイシャ（商人階級）」「シュードラ（肉体労働者階級）」という、四つの身分（四姓制度。ヴァルナ）を超えた、より多くの職能集団・身分がすでに構築されていたことを示します。阿闍世王が言及している以上、どうしても軍事関係の集団が多くなるのは致し方ないとして、それでも一般的な職業の人々もかなり挙げられていますね。いうまでもなく、このような職能集団・身分が徐々に多様化し、分化し、二千とも三千ともいわれる「カースト（ジャーティ）」として機能していくようになり、現在に至るインド社会の基本的なあり方を決定していくことになるのです。ですから、この『沙門果経』は、古代インド社会のありようを知るという点でも、大変貴重な資料となっているといえます。

第76講 どんな現世利益を得られるかという問いに対する業否定論者の答え

僧侶の現世利益を説く『沙門果経』

侍医であり、ブレインであり、友でもあった耆婆（ジーヴァカ）の勧めにより、釈尊を訪ねたマガダ国の王阿闍世（アジャータシャトゥル）は、当時のインドにあったと思われる、二十種以上の職能集団を具体的に挙げながら、「仏教の僧侶はどのような現世利益を得られるのかを、目の当たりに示して欲しい」と釈尊に質問しました。ところが釈尊は王の問いにはすぐには答えず、次のように問い返したのです。

《大王よ、そなたは同じ質問を他の沙門（ヴェーダ聖典を奉じない出家修行者）やバラモン（ヴェーダ聖典を奉じる在家の宗教者）たちにも尋ねたかどうか、憶えているであろうか？》

（『ディーガ・ニカーヤ』第一巻、五一頁）

阿闍世王が「憶えています」と答えると、釈尊が「彼らがどう答えたか話してもらいたい」と

応じたため、王は順に、

①プーラナ・カーシャパ
②マスカリー・ゴーサーリプトラ
③アジタ・ケーシャカンバラ
④カクダ・カーティヤーヤナ
⑤ニルグランタ・ジュニャータプトラ
⑥サンジャヤ・ヴァイラティープトラ

という六名の沙門（六師外道、本巻第69、74講参照）のもとを訪れ、彼らにも同じ質問をしたこと、そして彼らがどう答えたかを釈尊に伝えていきます。この『沙門果経』は、ヴェーダの宗教（初期ヒンドゥー教）と並んで当時有力であった六名の沙門の教えを、阿闍世王の口を通して語らせた上で、「仏教の僧侶が得られる現世利益（今生における解脱）がいかに勝れているか」を説き明かしていく経典なのです。

プーラナ・カーシャパはかく語る

阿闍世王は早速、かつてプーラナ・カーシャパのもとを訪れたときのことを話し始めました。今回、釈尊のもとを訪れたときと同様、二十種以上の職能集団を具体的に挙げながら、「プーラナ・カーシャパのもとで出家修行をすると、どのような現世利益を得られるのかを、目の当たりに示して欲しい」と、現世における修行の果報を尋ねました。ところがプーラナ・カーシャパは、実に驚くべき教説を話してきたのです。彼の主張自体は分かりやすいので、原文から和訳して紹介することにします。

《大王よ、〔自ら手を下して〕害する者であれ、〔誰かを使って〕害させる者であれ、斬りつける者であれ、斬りつけさせる者であれ、責め苦を与える者であれ、責め苦を与えさせる者であれ、悩ませる者であれ、疲労させる者であれ、戦慄する者であれ、戦慄させる者であれ、いきものを殺す（殺生する）者であれ、与えられていない物を盗む（偸盗する）者であれ、〔他人の〕家に押し入る者（泥棒、空き巣）であれ、強盗を働く者であれ、寄ってたかって一軒家から〔財物を〕強奪する者であれ、路傍で待ち伏せて追い剥ぎを働く者であれ、他人の妻と姦通する者であれ、嘘を語る者であれ、彼らの行為は罪悪とはなりません。たとえ、周囲がカミソリのごとくに鋭く尖ったチャクラ[1]をもって、この地上の諸々のいきものたちを〔切り刻んで〕一つの肉の塊、一つの肉の山となしたとしても、そのことに起因する、罪悪〔の報い〕など存在しません。罪悪が出現することなどありません。

また、たとえ〔残酷で凶暴な者たちの多い〕ガンジス河の南岸に赴いて、殺害しようが、殺害させようが、〔他人の手足を〕切断しようが、切断させようが、責め苦を与えようが、責め苦を与えさせようが、そのことに起因する罪悪など存在しません。罪悪が出現することなどありません。

また、たとえ〔敬虔で信心深い者たちの多い〕ガンジス河北岸に赴いて、〔自らが〕布施をしようが、〔他者を促し〕布施をさせようが、〔神々に生け贄を捧げる〕供犠祭を行おうが、供犠祭を行わせようが、そのことに起因する功徳（福徳、ご利益）〔という果報〕など存在しません。功徳が出現することなどありません。布施をもってしても、欲望の制御をもってしても、〔戒律や掟に基づいた〕自制をもってしても、真実語（サティヤのことば）をもってしても、功徳などなく、功徳が現れ出ることなど、ありはしないのです》（同、五二〜五三頁）

プーラナが主張する「業否定論」

いかがでしょうか。仏教やヒンドゥー教をはじめ、インドの諸宗教・諸思想に一般的に見られる、あるいはもっと広く、キリスト教なども含めた古今東西の諸宗教・諸思想にも幅広く認められる「善因楽果・悪因苦果（善いことをすると楽を得られるが、悪いことをすると苦を味わわなければならない）」という「因果応報の法則」を、完膚なきまでに打ち壊そうとしているのがお分かりいただけると思います。彼の考えは「道徳否定論」や「道徳無用論」と呼ばれており、もちろん積極的な評価は得ていませんが、その徹底ぶりに関してだけいえば、ある種の小気味よささえ感じてしまいそうです。

プーラナはもともと奴隷の子として牛小屋で生まれ、主人から逃げる際には衣服一切を剥がされてしまったと伝えられています。生まれによる差別、そしてそこからくる様々の迫害を経験した彼には、因果の法則など信じられなくなっていったのでしょう。彼にとって一切の行為は、善悪の如何を問わず「何らの結果をももたらさない無意味な行為」なのです。ですから、道徳否定論や無用論というよりも、煎じ詰めれば「業（行為）否定論」ということになります。長い期間にわたって醸成されてきた、インド人のエートスである「業・輪廻・解脱」であっても、その受け容れを躊躇するどころか、真正面から異を唱える者もインドにはあったのです。

さらに、本講座における興味関心からいえば、彼が「業・輪廻・解脱」と並んで、「真実語（サティヤのことば）の力」も無効化している点も見過ごせません。これまで繰り返し確認してきているように、[2]インドにはヴェーダ以来、「真実（サティヤ）のことばには、願いを叶える不思議な力が宿る」という信仰があり、仏教もインドで成立した宗教の一つとして、この信仰をそのまま受け継いでいます。その代表例が「四弘誓願」や「諸仏の誓願（阿弥陀仏の本願が有名）」です。日本における「願掛け」も、元を辿ればインドのサティヤに対する信仰に遡れます。そして、この「真実のことばに対する信仰」は、「大英帝国の圧制下において、非暴力・不服従という誓いをどこまでも護りきる〝サティヤーグラハ[3]〟運動」として、インド独立に向けての大きな精神的支柱となりました。このように、ヴェーダの宗教に源を発し、近現代のインドにまで連綿と連なり、さらには遠く日本にまで伝播し定着している「真実のことばに対する信仰」であっても、それを認めようとしない人が発祥地のインドにおいてあったのです。私たちは改めてここに、「文化の多様性や複雑さ」を見る思いがいたします。

プーラナに対する阿闍世王の反応

ところで、プーラナ・カーシャパから「業否定論」を聞かされて、阿闍世王はどのように反応したでしょうか。「この危険思想の持ち主め！」といって、家来にプーラナを召し捕らせたでしょうか。いいえ。決してそのようなことはしませんでした。確かに阿闍世王は、「修行の果報を、私の目にも見えるように示して欲しいと問うたにも関わらず、プーラナはそれに答えてはくれなかった」と内心では不満を抱きました。しかし王は、

《どうして〝私のような者〟が、〔マガダ国の〕領内に住している沙門やバラモンを非難しようなどと考えてよいであろうか〔いや、よいはずがない〕》（同、五三頁）

と思いなし、彼の主張を歓喜讃歎することも非難叱責することもせず、そのまま聞き流すかたちで、彼のもとを去ったということです。

現代の私たちから見ると信じがたい対応のように思われます。もちろん、現代の日本には（少なくとも本書を執筆している二〇一八年七月の段階では）「思想犯、政治犯」という存在はありませんから、たとえプーラナがそのままの思想を携えた上で現代日本に現れ出でたとしても、日本の官憲が彼を「危険思想の持ち主」として逮捕拘束することはありません。しかし、彼自身、もしくは彼に付き従う者たちが実際に犯罪行為に走ることは十分に予想されますから、少なくとも「監視対象」として目を光らせておく必要はあるはずです。なぜなら国王には、領土・領民を支配する権利があるとともに、領土・領民を守護する義務があるからです。阿闍世は、当時のインドにおける四大国（コーサラ、マガダ、アヴァンティー[4]、ヴァツサ[5]）の一つであるマガダの国王として、マガダ国民の上に君臨し、領土・領民を統治しています。その王が、権利を行使しながらも義務を果たさないのでは、領民はたまったものではありません。古来、洋の東西を問わず、上に立つ者はそれに見合う義務を果たさなければならないと考えられてきました。これをヨーロッパでは「noblesse oblige　ノブレッス・オブリージュ[6]」と呼びました。日本語には「高貴なる者の果たすべき義務」とも訳されています。マガダ国王として、阿闍世王も本来ならば、この「ノブレッス・オブリージュ」を果たさなければならないはずです。

なぜ阿闍世王は、彼の義務を果たさなかったのでしょうか。それには、大きく二つの理由があると考えられます。その一つは、当時のインド（紀元前四、五世紀）においては、言論や思想信条の自由が、極度に容認されていたことです。

阿闍世王が義務を果たさなかったわけ

先ほど、紀元前四、五世紀のインドにおいて四大国があったとお伝えしたように、当時のインドは小国が徐々に大国に併合されて、ついにはアショーカ王によって史上初めての統一王朝（紀元前三世紀）が樹立される過渡期にありました。貨幣経済の導入された都市部では自由な、場合によっては「頽廃」とも呼べる風潮が行き渡りつつありました。

仏教以前のインドの宗教・思想は「業・輪廻・解脱」、そして「梵我一如（宇宙の本体ブラフマンと個人の本体アートマンが同一であること）」を中核思想とする「ウパニシャッド（ヴェーダーンタ。ヴェーダ聖典の終極）」によって、その頂点に達していました。ところが自由な風潮のもとでは、その「ウパニシャッド」を否定したり、対抗したり、乗り越えたりしようとする新たな宗教家・思想家が誕生してきました。そのような彼らこそ、「沙門」と呼ばれる人たちなのです。ヴェーダ聖典を奉じ、「ウパニシャッド」の哲学・宗教・思想を究極のものと信じる在家の宗教家「婆羅門（バラモン）」に対し、沙門たちは徹底した出家主義に立ちます。仏教もインドにおいて、沙門の宗教として誕生したのです。

都市、そして国家の統治者である王たちは、彼ら（沙門や婆羅門たち）の存在やその思想信条を最大限尊重し、しばしば討論会を開いて自由に対論させました。おそらく彼らのうちからブレイン、知恵袋を見出して激動の時代を乗り切り、あわよくばその先を切り開きたいという思いがあったのでしょう。沙門や婆羅門がいかなる意見を述べようとも、彼らは決して罰せられないという約束事が存在していたとされます。それが、先の引用中における阿闍世王の「私のような者が彼らを非難してよいはずがない」という思いに表れています。言論・思想の自由は近代国家の条件の一つともいわれていますが、「当時のインドほど、言論や思想の自由が認められていたことは、史上かつてなかった」と評されることもあるほどで、まさにこの点においても、私たちには古代インドに学ぶ必要があるのかもしれません。

プーラナの主張はあのとおりなのか

阿闍世王がノブレッス・オブリージュを果たさなかったもう一つの理由として、筆者は「プーラナの主張は本当にあのとおりだったのか」を挙げたいと思います。彼の主張をもう一度見てみましょう。その三分の二ほどは「悪業を働いてもその報いはない」でしたが、後半の三分の一ほどは「善業を行なってもその果報はない」であり、その「善業」の中に「布施」が入っていましたね。

沙門は出家者です。インドにおける出家とは、カースト固有の義務（スヴァ・ダルマ）も権利も全て放棄することでしたね（第1巻第21、23、29講、第2巻第35、40講等）。インドにおける出家者は、スヴァ・ダルマの一つである「世襲した職業に就く」ことも、「働いて収入を得る」こと（アルタ）も放棄していますから、自分で働いて生活の糧を得ることができません。彼らが生きていくためには、インド社会に留まり何らかの職業に就いている人たち、すなわち「在家者」たちからの布施に依存するしかないのです。彼ら出家者が「乞食者（こつじきしゃ）[7]」と呼ばれるのも、彼らが在家者の布施に完全に頼っていることによります。

では、なぜインドの在家者は、自ら働きもしない出家者に布施をし、彼らの生活を支えていたのでしょうか。それは彼ら出家者が「福田（ふくでん）」であると見なされていたからでしたね。そして彼らの「福田性」を担保する最大のものは、彼らが「真実のことばの力」をそなえていると信じられていたことでした。ところがプーラナは布施の果報も真実のことばの力も否定していますから、彼の主張を全面的に認めるのであれば、在家者が彼を支える理由は何ら存在しなくなり、結果として彼は出家者として生きていくことができなくなったでしょう。ですから筆者はどうしても『沙門果経』が伝えるプーラナの主張を、額面どおりには受け取れないのです。

第77講

運命論宿命論の教団の人々がなぜ修行する必要があったのか

仏教にも匹敵する規模の邪命外道

マガダ国の王、阿闍世は釈尊に、かつてプーラナ・カーシャパのもとを訪れたときの話をした後、今度はマスカリー・ゴーサーリプトラのもとを訪ねたときの話を始めました。釈尊、そしてプーラナ・カーシャパのときと同様に、マスカリー・ゴーサーリプトラに対しても阿闍世王は、二十種以上の職能集団を具体的に挙げながら、「マスカリー・ゴーサーリプトラのもとで出家修行をすると、どのような現世利益を得られるのかを、目の当たりに示して欲しい」と、現世における修行の果報（沙門果）を尋ねました。

マスカリー・ゴーサーリプトラは、「アージーヴィカ(1)」と呼ばれる教団の開祖でした。「アージーヴィカ」とは、元来は「裸形（らぎょう）など、特殊な方法で生活する規定を厳格に守っている修行者」を意味することばだったのですが、他の宗教の人々の間では「生活手段を稼ぐために修行しているやつら」という意味で用いられるようになりました。

紀元前三世紀頃までは、仏教やジャイナ教に匹敵するほど大きな教団だったようですが、後には、同じく裸形するグループもあるジャイナ教に吸収されていきました。彼らが大教団だったからこそ、彼らを恐れた他の教団に属する人々は、貶めるために「あいつらは生活手段を稼ぐために修行しているのだ」という悪口を喧伝したのでしょう。

漢訳仏典でも「邪命外道（じゃみょうげどう）（邪な生活を送る仏教以外の宗教家）」などと訳されていますから、仏教もアージーヴィカ教のことを相当に意識していたことが分かります。

マスカリー・ゴーサーリプトラの運命論

阿闍世王から沙門果を問われたマスカリー・ゴーサーリプトラは、それには直接は答えることなく、自分たちの教義を述べ始めました。それは「運命論・宿命論」とも呼べるものでした。

《大王よ、衆生（サットヴァ(2)）。意思作用を持つ生きもの）が〔宗教的な意味で〕汚（けが）れるに際しては、因（直接的原因）も縁（間接的原因）もありません。衆生は、因も縁もなく汚れるのです。衆生が〔宗教的な意味で〕浄化されるに際しても、因も縁もありません。衆生は、因も縁もなく浄められるのです。〔汚したり浄めたりする〕自らの行為もなければ、他者の行為もありません。〔汚したり浄めたりする〕人間の行為は存在しないのです。〔人間には汚したり浄めたりする〕力も、精進もありません。人間には〔汚したり浄めたりする〕精力も努力も〔意味が〕ないのです。

全ての衆生、呼吸する全ての生きもの（プラーナ）[3]、〔卵や胎に〕発生した全ての生きもの（ブータ）[4]、〔およそ〕生命ある全ての生きもの（ジーヴァ）[5]は、〔汚したり浄めたりすることに関して〕自在でなく、無力であり、精進〔しても意味〕がなく、運命（ニヤティ）[6]に基づく偶然と本性とに翻弄され、まさしく六つの生まれの階級において、楽と苦を経験するのです。　―中略―

八百四十万大劫もの間は、愚者であれ賢者であれ〔等しく生死の世界を〕経巡り、輪廻して後〔ようやく〕苦の終極に至るでありましょう。それまでの間は、“私は戒であれ、誓戒であれ、苦行であれ、禁欲行（梵行、不婬行）であれ、それらを通して、まだ熟していない業を完熟させよう。完熟している業は、〔その報いに〕繰り返し触れて消滅させてしまおう”などということはありません。そのようなことは全くあり得ないのです。終極〔時期〕の定まっている輪廻において楽と苦は、ちょうど枡で〔きっちりと〕量られたように〔あらかじめ量と質が決まっており〕、〔量が〕減ることも増えることもなく、〔業の質が〕上等になることも下等になることもないのです。それはあたかも、投げられた糸玉がほどけながら〔糸がなくなるまで〕転がっていくように、愚者であれ賢者であれ〔八百四十万大劫もの間、生死の世界を〕経巡り、輪廻して後に、〔業を尽くして〕苦の終極に至るでありましょう》（『ディーガ・ニカーヤ』第一巻、五三～五四頁）

古代インド最長の時間単位「劫」

これが、「マスカリー・ゴーサーリプトラの信じる真理」でした。先のプーラナ・カーシャパのときと同様に、阿闍世王はこの説に不満を感じましたが、やはり今回も、

《どうして〝私のような者〟が、〔マガダ国の〕領内に住している沙門やバラモンを非難しようなどと考えてよいであろうか〔いや、よいはずがない〕》（同、五四頁）

と思いなし、彼の主張を歓喜讃歎することも非難叱責することもせず、そのまま聞き流すかたちで、彼のもとを去ったということです。

ここで「劫（こう）」について整理しておきましょう。劫は、サンスクリットの「カルパ」やパーリ語の「カッパ」に相当することばの音写語です[7]。古代インドにおける最長の時間単位のことで、梵天（ブラフマー）[8]の半日を一劫と数えます。それは人間の時間に換算すると、四十三億二千万年にも相当すると考えられています。余りに途方もない数字で、どれほど長いのか想像しづらい（というより、想像できない）ですね。古代インドの人も同じだったようで、劫を説明するいくつかの方法を編み出しています。ここではそのうち二つを紹介いたします。

まず一つめは「芥子劫」という説です。四方の長さと高さが、どれも一由旬（ヨージャナ[9]。一説には約七キロメートル）という立方体のかたちをした巨大な鉄製の城があったとします。そして、その鉄の城の中をカラシナの実（芥子）で充たし、百年に一度その芥子を一粒取り出したとして、その芥子がなくなるまで経ったとしても、まだ一劫には達していないといいます。これが「芥子劫」です。

二つめは「磐石劫」です。これもまた、一辺が一由旬の立方体の大岩石（これを「磐石」と呼びます）があって、百年に一度、天人の衣（あるいは、柔らかい高級な綿布）でその磐石をそっと一払いし、ついには磐石が摩滅してなくなったとしても、まだ一劫には達していないといいます。これが「磐石劫」です。そして「二十劫を大劫とする」という説に則れば、「八百四十万大劫」とは、芥子劫や磐石劫のさらに一億六千八百万倍もの長期間になります。

マスカリー・ゴーサーリプトラの奉じる教義によれば、賢者も愚者も関係なく、その期間は浄化（解脱、救済）に向けてのいかなる行為も無意味であり、ただただ運命、時間経過に任せるしかないということになり、まさしく「運命論・宿命論」と呼ぶに相応しいと思います。

インド一般の業・輪廻説との違い

マスカリー・ゴーサーリプトラの説（運命論）は、先のプーラナ・カーシャパの教え（業否定論、道徳否定論）と比べるとき、「努力精進の無意味さ」を説いている点では共通点があるといえる一方で、「業や輪廻を積極的に認めている」という点においては、こちらの方がインド一般の業・輪廻説により近くなっているといえるでしょう。ただ、やはり両者の間には決定的な違いがあります。なぜなら、そもそもインド一般の業・輪廻説が、運命論ではないからです。

インド一般の業・輪廻説においては、今生での生まれ（ジャーティ⑩。その英語表現が「カースト」）は、過去世における行い（業）、およびその影響力（業）によって決定されます。たとえば今生で、人間扱いされない不可触民カーストに生まれた場合、「前世での行い（業）がよほど悪かったのだ」という理解のもと、周囲の人はおろか、不可触民カーストに生まれた当の本人までが、今生でのランクを受け容れなければなりません。すでに現世に生まれている以上、もはや前世の業の変更は不可能だからです。

このように「前世から現世」という流れを見るとき、確かにインド一般の業・輪廻説にも「運命論・宿命論」的色彩があるのは事実です。ところが、「現世から来世」という流れに注目するとき、事態は一変します。前世の業が現世の生まれ・ランク・あり方を規定するのと全く同じ理屈で、現世における業が来世の生まれ・ランク・あり方を規定します。今、この世に生きているので、現世において善い業を残す（善業を積む）ことが可能となり、来世ではより上の生まれを得ることを期待できるようになります。未来が変えられるのですから、これは「運命論・宿命論」とは呼べませんね。

永年にわたり育まれ、インド人のエートスとなってきた業・輪廻思想のもとでは、現世でのジャーティがどれほど低く悲惨なものであったとしても、それを甘んじて受け容れざるを得ません。そして彼らは誓うのです。「前世とは異なり、現世では絶対に善業を積むぞ。そして来世こそは、もっと上の生まれを手に入れるのだ」と。そしてこのことは別段、低いジャーティの方々に限りません。ジャーティには常に上がありますから（しかも、人間界の上には天界がありますから）、業・輪廻思想を信じるインドの方々は、現世におけるジャーティの上下に関わらず、老いも若きも男性も女性も、善業を積むことに精進するのです。そしてその代表例が、宗教家（福田）に対する布施なのです。

しかし、マスカリー・ゴーサーリプトラの説によれば、全ては運命に基づく偶然と本性によって決定され、善業も悪業も楽苦には一切関わることがなく、誰もが八百四十万大劫（七十二京五千七百六十兆年）という途方もない期間にわたって生死輪廻の大海を経巡り、ようやく苦の終滅を迎えるというのですから、インド一般の業・輪廻説とは全く異なりますね。

「運命論・宿命論」に密めかれていた意趣

先に触れたように、マスカリー・ゴーサーリプトラの「運命論・宿命論」と、プーラナ・カーシャパの「業否定論、道徳否定論」との間には、「努力精進の無意味さ」を説いている点で共通点がありました。「善業を積もうとしても無意味だ」「善業も悪業も無意味だ」と説いているわけですから、彼らの説に則る限り、インドの衆生がプーラナ・カーシャパや、マスカリー・ゴーサーリプトラの率いるアージーヴィカ教の沙門たちに布施する理由はなくなるはずです。そのため、前講で筆者は「プーラナ・カーシャパの説は本当にあのとおりだったのか」という疑問を呈したのです。

今回のアージーヴィカ教についても同様です。紀元前三世紀頃までは、仏教やジャイナ教に匹敵するほど大きな教団を形成していたことが考古資料（インドを初めて統一したアショーカ王の法勅文）から分かっていますので、彼の「運命論・宿命論」にも何か「裏」のようなもの、仏教的にいえば「言外の意趣（密意(みっち)(11)）」がありそうです。

実は別の資料によると、マスカリー・ゴーサーリプトラが厳格な苦行の実践者であったことが知られています。もし、「どんな行為（業）をしても苦楽には関係ない」のであれば、修行そのものの意味がなくなります。ところが、アージーヴィカ教徒たちは出家者（沙門）として、厳格に苦行を実践していたわけですから、実のところは、行為（業）の有効性を認めていたわけです。

そうであるにも関わらず彼らが「運命論・宿命論」を主張していた理由として、「インド社会にある身分制度（差別）という現実の中にあって、一切衆生の本来的平等性を主張しようとしていたのではないか」と唱える研究者もおり、筆者としても賛意を表したいと考えています。

インドには、古来、ヴァルナ（四姓制度）、そしてジャーティ（カースト）という社会的身分制度（身分差別）があり、その淵源はインド最古の文献である『リグ・ヴェーダ』（中核部は紀元前一二〇〇〜一〇〇〇年頃に成立）にまで遡ります。一方、仏教は生まれながらの差別に正面から異を唱えました[12]。

《人は生まれによって賤民となるのでもなく、生まれによって聖者となるのでもない。人は行いによって賤民ともなり、行いによって聖者ともなるのである》（『スッタニパータ（経集）』一三六、一四二）

この姿勢は、マスカリー・ゴーサーリプトラと並び、インドでは非常に特異なものとして受け止められています。

ここで今後の学びを深めるためにも、インドにおける身分制度について、一度きちんと整理しておくことにしましょう。

インドにはかつて、インダス文明と呼ばれる古代文明が栄えていました。全盛期は紀元前二三〇〇年頃から一八〇〇年頃と推定されています。インダス河流域に遺跡が多く残ることからこの名が付けられました[13]。実は「インド」という呼び名自体、同じくインダス河に由来しているのです。ところが一九四七年のインドとパキスタンの「分離独立」により、現在インダス河の90％以上はインドでなく、パキスタンを流れているのです。政治と自然と文化が時間（歴史）をかけて織りなしてきた、複雑な物語が見えてきますね。

インダス文明の文化がどのようなものであったかは、まだ解明されていません。一番の問題は、彼らが使用していた「インダス文字」と呼ばれる古代文字が、まだ解読されていないからなのです。ただしこれまでの研究により、現在のインドで主流を占める「インド・アーリア系[14]の言語」ではなく、南インドで多く使われている「ドラヴィダ系[15]の言語」と関係が深いのではないかといわれています。インダス河は、インドの西（主に現パキスタン）にあり、流域から多くの遺跡が発見されています。ところが現在、その地方ではドラヴィダ系の言語は一部でしか使われておらず、インド・アーリア系の諸語が圧倒的に主流です。一体、インダス文明の人たちに何が起こったのでしょう。そもそも「インド・アーリア系」とは、どういうことなのでしょう。

6 釈尊と同時代の沙門六人の教えと違い(2)

アジタ、カクダ

第78講
インドの四姓制度は西より侵入したアーリア人がもたらした

インダス文明の性格と宗教的要素

紀元前二三〇〇年頃から一八〇〇年頃に全盛期を迎えていたインダス文明については、残念ながらインダス文字が解読されていないため、彼らの文化・文明がどのようなものであったのか、文字資料から窺い知ることは困難です。そのため、唯一の手がかりは残された遺跡・出土品（考古資料）ということになり、現在までに次のようなことが分かっています。

まず、彼らの遺跡は多くが「焼きレンガ」で作られていました。同じく四大文明の一つであるメソポタミア文明が、風化しやすい「日干しレンガ」であったことと比較すると、その進歩の度合いが分かります。しかも彼らのレンガは、縦、横、厚さの比が「四対二対一」に統一されていたのです。このように規格化されたレンガによって整然と碁盤目状に作られた彼らの都市は、排水溝設備、食糧貯蔵庫（穀物倉）、祭壇や沐浴場等の宗教施設をそなえており、かなり綿密な計画のもとに都市が作られていったことを物語っています。その一方で、他の古代文明に見られるような神殿や王宮・王墓が発見されていないことから、宗教的・政治的に強力なリーダーに統率される文明ではなかったであろうと推測されています。インダス文明の基盤は、インダス河水系が雨季に氾濫することを利用した「氾濫農耕」でした。灌漑農耕では灌漑事業を率いるリーダーが誕生しやすいのに対し、氾濫農耕は自然任せ（いわば、自然がリーダー代わり）の不安定な農耕です。そしてこのことが、メソポタミア文明等とは異なり、インダス文明が強力なリーダーを生み出さなかった最大の理由であると考えられています。

信仰面では、祭壇や沐浴場で火や水を用いた宗教儀礼を行っていたことが推測されており、浄化や豊穣・再生の象徴としての火や水に対する信仰のあったことが窺えます。また、出土品に動物や女性の像があることから、動物（自然）崇拝・女性崇拝も存在していたことも推認され、これは彼らが氾濫農耕の文化を持っていたことと整合的です。自然と共存し、不安定な自然からの恵みに依存している社会においては、「豊穣、再生」の象徴として、動物や女性に対する崇拝が広く確認されるからです。

出土品として特徴的なのは、二～五センチほどの方形をした凍石（ステアタイト）製の「インダス印章」です。表側にはインダス文字とともに動物などが刻まれ、裏側にはこぶ状のつまみが付けられています。動物はコブウシ（ゼビュー種[1]）やシカやサイなど実在するものの他、一角獣や角の生えた象など、架空のものもあります。動物の像としては「角のあるもの」に意味があったようです。また、動物の他にはリンガ[2]（男性のシンボル）を前に瞑想する神の像もあり、これは後代のシヴァ神に比定されています。

後のヒンドゥー教で重要視される、自然崇拝、動物崇拝、女性崇拝、性器崇拝、そして瞑想や沐浴をはじめとする宗教的諸要素は、はるか以前のインダス文明の段階ですでに出そろっていたのです。

インダス文明崩壊の原因はいまだに謎

このように高度な文明・文化を育んでいたインダス文明ですが、紀元前一八〇〇年以降は衰退し、ついには滅びてしまいました。その理由に、かつて「アーリア人侵入説」が唱えられていたことがあります。インドに侵入（進入）してきたアーリア人たちが携えていた聖典を「ヴェーダ聖典」と呼びます（第2巻第38講参照）。このうち、成立が最も古いとされる『リグ・ヴェーダ（神々への讃歌集）』（紀元前一二〇〇年頃に成立）の中に「アーリア兵士たちは勇敢に戦い敵を打ち倒した」という戦争の記述が存在します。

一方、インダス文明の発掘調査からは大量の、しかも埋葬された形跡のない人骨が発見されていました。この両者を結びつけて成立したのが、「インダス文明崩壊アーリア人侵入説」です。

この説は一時期はかなり支配的だったのですが、現在では否定されています。その理由の一つには、発見された人骨に外傷の痕跡が見られなかったことがあります。もし戦闘で殺害（惨殺）されたのであれば、必ず何らかの外傷が残っているはずでしょう。もう一つの理由は、アーリア人のインド侵入（紀元前一五〇〇年頃）の年代とインダス文明衰退・崩壊の年代との間に、数百年ものタイムラグがあることです。すなわち、アーリア人のインド侵入以前からインダス文明は衰退・崩壊の道を辿っており、もしアーリア人との間に戦闘があったとしても、それは「最後のとどめ」とも呼べる限定的なものであったと考えられています。

それでは、インダス文明の衰退・崩壊の本当の原因は何だったのでしょうか。実は今でも分かってはおらず、様々に考えられてきた原因も、全てが仮説に過ぎません。おそらく、気候変動、地殻変動、砂漠化など、様々な原因が重なり合ったのではないでしょうか。ここではこれらの複合的要因のうち、「砂漠化」について少し触れておくことにします。

先に述べたように、インダス文明の基盤は、インダス河水系が雨季に氾濫することを利用した氾濫農耕でした。ところが現在、インダス文明がかつて存在していた地域は砂漠化しており、いかなる種類の農耕にも適さない不毛の土地となってしまっています。この砂漠化の原因の一つと見なされているのが、「焼きレンガを作るための森林乱伐」です。インダス文明の都市はレンガで作られています。その全てが焼きレンガというわけではないのですが、それでも莫大な量の焼きレンガが必要とされました。それらのレンガを焼くためには、燃料となる相当量の木々が必要だったと推定され、そのために行われた森林乱伐が、たとえ原因の全てではなかったとしても、砂漠化を進めたこと自体に疑いを挟む余地はないものと思われます。彼らの高度に発達した文明が、自らの首を絞めてしまったのです。私たち人類は過去から学ばなければなりません。

将来、インダス文字が解読されるようなことがあれば、もしかするとそれらの中にインダス文明衰退・崩壊の謎を解く決定的な鍵が隠されているかもしれません。世界はまだまだ謎に満ちているのです。

ユーラシア大移動の末にインドへ

さて、保留していたアーリア人について、話を進めてまいりましょう。

現在のカスピ海沿岸のコーカサス地方にアーリア人と呼ばれる遊牧騎馬民族が住んでいました（本巻第68講）。「アーリア」[3]とはサンスクリットで「聖なる、高貴な」を意味することばですから、彼らは自らを「聖なる人々、高貴な人々」と自認し、他の民族を見下す傾向があったようです。彼らは他にも、「色が白い」「背が高い」「鼻筋が通っており彫りが深い」などの特徴がありました。

遊牧民族は、家畜が食べる牧草を求めて移動することを常としています。その遊牧民族であったアーリア人が、紀元前二〇〇〇年頃に各方面へと大移動を開始しました。西に向かったグループはヨーロッパに至り、現在のヨーロッパ人の祖先となりました。白色人種を「コーカソイド」と呼ぶのは、彼らのルーツがコーカサス地方にあることに由来しています。一方、南に進んだグループは、途中のイラン地方に留まるものと、さらに東進するものとに別れました。「イラン」という名称は「アーリア人たちの国」を意味します。イランは今でこそイスラームの国ですが、かつては「ゾロアスター教」という宗教が主流でした。この宗教の聖典である『アヴェスター』[4]は、その古層に『リグ・ヴェーダ』と共通の内容があることが確認されています。また、ゾロアスター教の最高神である「アフラ・マズダー」の「アフラ」は、言語学的にサンスクリットの「アスラ（阿修羅）」に相当することも分かっています。ちなみに、十九世紀のドイツの哲学者フリードリヒ・W・ニーチェの代表作『ツァラトゥストラはかく語りき（*Also sprach Zarathustra*）』における「ツァラトゥストラ」とは、「ゾロアスター教」の開祖とされる「ゾロアスター」のドイツ語読みです。

さて、イランからさらに東進したグループは、紀元前一五〇〇年頃、ヒンドゥークシュ山脈のカイバル峠を越えました。カイバル峠は現在ではアフガニスタンとパキスタンの間にありますが、古来、この峠を越えることは、ある国（地域）に至ることを意味していました。その地域こそ、インドなのです。

遊牧民族のアーリア人社会の特徴

インドに入ったアーリア人たちはパンジャーブ（五河）地方へと進み、そこで移動を続ける遊牧生活を捨て、定住する農耕・牧畜へと生活を変化させました。パンジャーブ地方における「五河」とは、インダス河とその主立った支流四つを併せたものです。パンジャーブ地方はこれら五河に囲まれていることから、灌漑農法に極めて適した土地で、作物を豊富に産出することができました。彼らがこの地に定住したのも十分に納得できますね。

しかし、パンジャーブ地方がそれほどまでに豊かな土地であるならば、アーリア人たちがやって来る前からその豊かさを知り、享受していた人たちがいるはずです。そうです。彼らこそ、インドの先住民たちでした。彼らは人種的には「オーストラロイド」で、コーカソイドのアーリア人とは対照的に、肌の色が極めて黒い人たちでした。アーリア人はもともと遊牧騎馬民族でしたね。先に述べたように、遊牧民族は牧草を求めての移動を常とします。移動先が無人の地であれば何も問題は生じないでしょうが、もし他人の土地であったらどうなるでしょう。たとえばあなたの家に知らない人たちがやって来て、「今日からここを私たちの家としますから、あなたたちは出ていってください」と言われて、「分かりました。私たちは出ていくことにします」とはなりませんよね。突然やって来た相手の理不尽な申し出に、当然反発するはずです。はい。アーリア人の移動も、常にそうだったのです。アーリア人は豊かな土地を求めて移動します。豊かな土地には、当然のように先住民がいます。アーリア人は先住民と戦い、力ずくで移動先の土地を自分たちのものとしてきました。したがって彼らは、有能な「戦闘集団」でもあったのです。農耕民族とは異なり、戦闘集団で必要とされるのは相手を打ち倒す「物理的な力強さ」です。精神的なものであればいざ知らず、物理的な力強さという点では、どうしても女性は男性に敵いません（もちろん〝平均的に見て〟です。個別の事例では、男性より物理的に力強い女性がいることも承知しています）。ですからアーリア人の社会では、本来的に「男性優位」だったのです。現代インドにも強く残るこの傾向は、アーリア人が持ち込んだ男性優位社会に淵源の一つを求めることができるでしょう。『リグ・ヴェーダ』に見られる、「アーリア兵士たちは勇敢に戦い敵を打ち倒した」という戦争の記述は、彼らとインダスの民との間のものではなく、パンジャーブ地方の先住民との間のものであった可能性が高いのです。

ところで『リグ・ヴェーダ』は神々への讃歌集でしたね。『リグ・ヴェーダ』に登場する神々（デーヴァ）の数は、古来「三十三」とする説が一般的です。これら三十三柱の神々のそのほとんどは男性神で、女性神はウシャス[5]（暁の女神）など数えるほどしかありません。しかもウシャスの役割は夜の暗闇を晴らす「露払い」に過ぎず、すぐにスーリヤ[6]（太陽神。仏教には「日天子」「日天」として取り入れられています）にその地位を譲ってしまいます。アーリア人社会の男性優位は、彼らの神話の中にも脈々と息づいているのです。

「ヴァルナ（四姓）制度」の淵源

パンジャーブ地方を制圧し、そこに定住し始めたアーリア人たちは、先住民を「ダーサ(7)」と呼び、自分たちよりも下位に置きました。前述したとおり、アーリア人には自らを「聖なる人々、高貴な人々」と自認し、他の民族を見下す傾向がありました。インドでも彼らのこの傾向は、十全に発揮されていたのです。下位に置かれた先住民の中には、支配され奴隷として扱われる者もあったようで、時代を経るに従い、ダーサは「奴隷」を表すことばへと転じていきました(8)。

もっとも、さらに時代を下り、大乗経典が制作される時代（紀元前後以降）になると、ダーサは「下男。下働きの者」という意味に転化し、差別的な意味合いは多少なりとも薄れていきました。大乗経典の和訳の中には、ダーサを「奴隷」と訳出しているものも見受けられますが、筆者はその訳語は適当ではないと考えています。

ところで、支配者であるアーリア人と先住民との間には、コーカソイドとオーストラロイドという人種の差がありましたね。両人種の差違で最も顕著だったのは、前者が「白色」で、後者が「黒色」という「肌の色」の違いでした。後の紀元前一〇〇〇年頃を中心に整備されてくる、

・ブラーフマナ(9)（バラモン。婆羅門。司祭階級）

・クシャトリヤ（武人・王族階級）

・ヴァイシャ（庶民。後に農民・商人階級）

・シュードラ（隷民。後に農工業従事者・肉体労働者階級）

という「四姓制度」の原語は「ヴァルナ」[10]といいます。そしてヴァルナとは、「肌の色」のことなのです。四姓制度は分業制度を伴う身分制度です。そしてその淵源は、支配階級であったアーリア人と被支配階級であったインド先住民との間に存した、肌の色の違いだったのです。

第79講 四姓制度の差別を解放する教えがインドで興隆しないわけ

『リグ・ヴェーダ』の世界創造神話

「四姓制度」の原語である「ヴァルナ（色、肌の色）」とは、支配階級であったアーリア人と被支配階級であったインド先住民との、肌の色の違いに由来していました。アーリア人がインドに定住し、先住民との混血が進むようになると、肌の色の差違は外見上はなくなっていきました。しかし、そうなって以降も「ヴァルナ」という語は「身分、階級」を示すことばとして現代インドに至るまで用いられ続けているのです。その最大の理由は、インド最古の宗教聖典である『リグ・ヴェーダ』（紀元前一二〇〇年頃を中心に成立）において、ヴァルナ制が権威づけられているからです。

『リグ・ヴェーダ』は「神々への讃歌集」です。インドラ(1)（帝釈天）をはじめ、様々な神格に対する讃歌(2)が収められており、その中に「プルシャ讃歌（プルシャ・スークタ）(3)」という讃歌があります。「プルシャ[4]」は英語でいえば「man（マン）」に相当することばで、英語のmanが「男」と同時に「人間」を表すのと同様に、サンスクリットのプルシャも「男、人間」を表します。これはフランス語の「homme（オム）」やイタリア語の「uomo（ウォーモ）」等も全く同様です。使用者の祖先を同じくするインド・ヨーロッパ語族においては、人間の基本は男性ということになり、ここにも彼らの「男性優位」の観念を見ることができます。

さて、「プルシャ讃歌」におけるプルシャは普通名詞（一般名詞）ではなく、世界の最初に存在していたとされる「万物の元となる原人」を表す固有名詞です。この原人プルシャは千個の眼、千個の頭、千本の足を持つ巨人とされています。世界の始まりに、神々がこの巨大な原人プルシャを祭祀の供物として分割しました。すると、プルシャの思考器官から月が、眼から太陽が、口からインドラとアグニ[5]（火神）が、気息から風が、臍から空が、頭から天が、両足から大地が、耳から方位が生じ、そうしてこの世界が形成されたとされます。

すなわち「プルシャ讃歌」は、『リグ・ヴェーダ』における「世界創造神話」の役割を担っているのです。世界創造神話は各地の宗教に広く確認されるものですから（代表例は『旧約聖書』の「創世記」や、『古事記』の「国産み」など）、それだけでは特に珍しいものではないと思われるかもしれません。しかし『リグ・ヴェーダ』の世界創造神話である「プルシャ讃歌」において特筆すべきは、プルシャを分割した結果、

・口がブラーフマナ（バラモン、婆羅門）
・両腕がクシャトリヤ
・両腿がヴァイシャ
・両足がシュードラ

になり、四つのヴァルナが生じた、と説かれていることなのです。

身分差別と四姓役割分担のリンク

そうなのです。インドにおけるヴァルナという身分制度はこの神話の存在によって、世界創造の時点においてすでに決まっていた、ということになっているのです。しかもこの神話では口から順に足まで下がることによって、四姓の上下の区別（差別）に根拠を与えているとともに、四姓の役割分担をも説明しています。すなわち、口から生じたブラーフマナはヴェーダ聖典を唱えて祭式を実行し、腕から生じたクシャトリヤは武力・腕力をもって世を統治し、腿から生じたヴァイシャは生産の屋台骨を支え、そして足から生じたシュードラは上位三階級に奉仕する、という役割分担です。この「身分の上下と役割分担の結びつき・リンク」は、現代インドの身分制度の基本であるジャーティ（カースト）制にもそのまま受け継がれています。だからこそ、インド独立の父といわれるマハートマー・ガーンディー師[6]（一八六九―一九四八。彼自身はヒンドゥー教徒）は、業・輪廻・解脱というインド人のエートスに立脚しながら、ヴァルナ・カースト制を「インドをインドたらしめる理想的な分業制」と評価し、積極的に擁護したのです。

ヴェーダ聖典はヒンドゥー教における根本聖典の一つです。そのなかで「ヴァルナという身分制度は、宇宙開闢以来決定しているのだ」と明言されているわけですから、ヴェーダ聖典の権威を認める限り、身分制度そのものも受け容れなければなりません。インドの宗教はヴェーダ聖典の権威を認める「正統派」と、認めない「非正統派」に大別されます。ヒンドゥー教は前者の代表であり、仏教や現在見ている「六師外道」は後者の代表です。〈諸行無常〉に基づく行為主義に立脚する仏教とは全く異なった方法ではありましたが、マスカリー・ゴーサーリプトラは宿命論を積極的に主張することで、ヴェーダ聖典、そしてそこから必然的に導かれる身分差別からインドの人々を解放しようとしたのです。彼の開いたアージーヴィカ教が、紀元前三世紀頃までは仏教やジャイナ教に匹敵するほどの教団を形成していたことも、なるほどと頷けますね。

アジタの説いた唯物論（四元素説）

さて、マガダ国王の阿闍世は釈尊に、三人目のアジタ・ケーシャカンバラのもとを訪ねたときの話を始めました。今回も阿闍世王は、二十種以上の職能集団を具体的に挙げながら、「アジタ・ケーシャカンバラのもとで出家修行をすると、どのような現世利益を得られるのかを、目の当たりに示して欲しい」と、現世における修行の果報を尋ねました。

阿闍世王から「沙門果」を問われたアジタ・ケーシャカンバラは、それには直接は答えることなく、自らの奉じる教義を語り始めました。それは「万物は四元素よりなるという唯物論」でした。

《大王よ、施物〔を施したとしてもその果報〕はありません。〔供犠祭において〕犠牲獣〔を捧げたとしてもその果報〕もありません。〔供養の際に〕供物〔を捧げたとしてもその果報〕もありません。〔このように〕善業・悪業の果報はありません。この世（現世）もなければ、あの世（死後の世界、来世）もありません。〔一切の存在物には〕母もなければ父もありません。〔母胎や卵殻や湿潤によることなく、何もないところから業のために忽然として出生する〕化生（けしょう）の衆生もありません。この世には、正しく〔最高の境地（解脱）に〕至り、正しく〔修行道を〕実践し、この世もあの世も自ら証知し、目の当たりに覚知した上で説き明かす〔ことができる〕ような出家修行者（沙門）も在家の宗教家（婆羅門）もおりません。

この人間〔というもの〕は、〔ただ地・水・火・風という〕四大元素から成っているものであり、死ぬ際には、地〔の元素〕は地の集合体（本体）へと戻り還っていき、水〔の元素〕は水の本体へと戻り還っていき、火〔の元素〕は火の本体へと戻り還っていき、風〔の元素〕は風の本体へと戻り還っていく〔に過ぎない〕のです。〔その際には、眼や耳などの〕諸々の感覚器官は虚空へと転移集結します。遺体を台に載せて運ぶ四人の男たちは、火葬場に着くまでの間、〔死者の生前の功徳に関して〕ことばで〔沿道の人々に〕知らしめますが、〔結局は焼かれて〕骨は灰白色となり、供物も〔灰となって〕消えてしまいます。

布施〔の果報〕などというものは、愚者が考え出したものです。たとえ誰かが〔心や霊魂など四大元素以外の〕実在を唱えたとしても、それは彼らの虚偽〔の論〕であり、虚妄〔の論〕であり、戯論（戯れ言）〔に過ぎないの〕です。愚者であれ、賢者であれ、〔自らの〕身体が〔死をもって〕破壊された後は、〔その人自身も〕破壊され、消滅してしまうため、死後には存在しないのです》（『ディーガ・ニカーヤ』第一巻、五五頁）

「正統派」と唯物論の違いは何か

心（精神）の実在を否定し、真に実在するのは物質（元素）のみであると主張する立場を「唯物論」と呼び、この考えを提唱する人を「唯物論者」と呼びます。誤解をしていただきたくないのですが、唯物論者は必ずしも、心（精神）の存在を否定しているわけではありません。ただし、精神はあくまで、真に実在する物質の働きとして存在しているだけであり、物質を離れての精神の単独存在はない、と主張しているのです。いかがでしょうか。精神を脳の活動状態と見なす点などにおいて、現代科学には唯物論的傾向が強く表れているのがお分かりいただけると思います。

これは、現代科学が死後の世界の有無について沈黙し続けていることとも整合的です（科学と宗教との関係については、第1巻第6講参照）。

ここでヴェーダ（ウパニシャッドを含む）の権威を認める「正統派」と、アジタ・ケーシャカンバラの唯物論との違いを表（次頁）に整理しましょう。

いかがでしょうか。インド人のエートスを形成してきた「正統派」の立場と、アジタの唯物論の立場とが、真っ向から対立していることがお分かりいただけると思います。アジタの唯物論は「正統派」からは自分たちの立場から最も遠いものとして、「ナースティカ[7]（虚無主義者）の最たるもの」とみなされ、蔑視されました。ところが、彼の立場は「ローカーヤタ[8]（物質世界のみに限定する立場。漢訳では「順世派、順世外道」。後代には「チャールヴァーカ[9]」とも）」と呼ばれ、長きにわたり一定の支持を得ることになるのです。その理由は、大きく分けて二つあると考えられます。

一つにはアジタの唯物論が、マスカリー・ゴーサーリプトラの宿命論と同様にインドの人々を生まれによる身分差別から解放するものであったことです。アジタは行為（業）の果報も、それに基づく輪廻も認めません。ですから「お前の身分が低いのは、前世で悪業を積んだからだ」という「正統派」の理屈は、アジタの前では何の意味も持ちません。アジタは言うでしょう。「そのような考えは愚か者の戯れ言に過ぎない」と。マスカリー・ゴーサーリプトラの宿命論とは別

表　ヴェーダの権威を認める「正統派」とアジタの「唯物論」との違い

	「正統派」	アジタの唯物論
業・行為の果報	あり	なし
輪廻（死後の世界）	あり。現世の業によって来世のあり方が決定される	なし。死して後は身体を形成していた四元素は本体に帰入し、その人の存在は完全に消滅する
個人主体・霊魂	あり（アートマン）	なし（愚者の戯れ言）
解脱の境地	あり（究極目標）	なし

のかたちですが、アジタも唯物論を提唱することで、インドの人々を生まれによる身分差別から解放しようとしたのです。

唯物論がもたらす快楽主義の救い

アジタの唯物論がインドの人々に受け容れられたもう一つの理由は、彼の説が一種の「快楽主義」をもたらすものであったからです。ある意味で、通常の宗教とは「不自由」なものともいえます。ユダヤ教やキリスト教やイスラームは「神の命令に従え」、仏教では「サンスカーラを制御せよ、無明を抑えよ」「在家者は戒、出家者は律を遵守せよ」などと、様々な教誡が定められ、信徒はその教誡に則って生きていくことが求められます。ところがアジタの場合、聖職者に対する「布施、供犠、供物」の果報を否定していますから、彼の信徒は「このような儀式をしなければならない、あのような布施を施さなければならない」という観念から自由になります。多くの宗教では、様々な儀礼を執行することが「義務」として定められています

（例：ヒンドゥー教における通過儀礼、[10] イスラームにおける礼拝）[11]。また、布施に関しても、様々な宗教が奨励したり義務化したりしています。特に大乗仏教における波羅蜜行（成仏へと向かう菩薩の修行）では、その第一に布施が挙げられており、修行完成（成仏）のための必須徳目となっているほどです。[12] これらをアジタは完全に否定しているのです。さらには、母も父もないため、孝養を尽くす義務もありません。善行・悪行の果報も、輪廻も存在しません。「こんなことをしたら来世で酷い目に遭うから駄目だ」という訓戒も、「より善い来世のために善行を積まなければならない」という教示も、彼らには全く意味を持ちません。彼らには何らの教誡も義務もなく、「～しなければならない」というなにものも存在しないのです。そして、死んで現在の身体を失うことで、自分は完全に「無」に帰します。「後顧の憂い」は何一つ存在しません。彼らは全ての観念、義務、教誡から「完全に自由（無軌道）」なのです。これが彼らを快楽追求の快楽主義へと導きました。「余計な掟や因習に縛られることなく、〈今ここにある自分〉の幸福追求・快楽追求にいそしもう」、これが彼らの信条だったのです。

彼の一派は「正統派」からは蔑視されましたし、仏教から見ても、彼らの快楽主義は「諸々の欲があるとき、それらを楽しむがままの生活に耽ること、それは下劣であり、野卑であり、凡俗であり、尊くなく、無益なことである」とされる「二辺」の一つであり（第1巻第16、17講）、なおかつ、無明を制御せずに放逸な態度を取り続けているという点でも、否定されるべきものとなります。しかし、「なんでこんな目に遭うのか」「なんでこんなことを義務としてしなければならないのか」「これでは自分が押し潰されてしまう」と考える人々にとって、アジタの唯物論、そしてそこから導かれる快楽主義は、他の宗教では得られない救いを与えたことでしょう。だからこそ彼の一派は「最低だ」と蔑視されながらも、永年にわたってインドに存在し続けることができたのです。

第80講
インド人に菜食主義者が多いのはなぜか

カクダが説く七要素説とは何か

六名の沙門（六師外道）のうち、三人目のアジタ・ケーシャカンバラのもとを訪れたときの話を終えたマガダ国王阿闍世は釈尊に、四人目のカクダ・カーティヤーヤナのもとを訪ねたときの話を始めました。今回も阿闍世王は二十種以上の職能集団を具体的に挙げながら、「カクダ・カーティヤーヤナのもとで出家修行をすると、どのような現世利益を得られるのかを、目の当たりに示して欲しい」と現世における修行の果報を尋ねました。

阿闍世王から「沙門果」を問われたカクダ・カーティヤーヤナは、それには直接は答えることなく、自らの奉じる教義を語り始めました。それは、「万物は七要素よりなる」という「七要素説」でした。彼の説は、前講で見たアジタ・ケーシャカンバラの「万物は地・水・火・風の四元素よりなる」という「唯物論」と近い性格を持っているように思われますが、実際はどうだったのでしょうか。

阿闍世王が聞いてきたカクダの説を見ていきましょう。

《大王よ、〔今からお話しする〕これらの七つの要素（集合体）は、〔誰かによって〕作られたものでもなく〔自然（じねん）に元から存在するものであり〕、〔誰かからの命を受けて〕作らせられたものでもなく、〔神通力などで〕化作（けさ）されたものでもなく、化作する主体でもありません。〔それらは〕なにものをも生み出さず、山の頂のように動くことなく〔立てられた〕石柱のように安定しています。それら〔七要素〕は、動かず、〔他の要素へと〕転換せず、相互に〔他の要素の領域を〕侵害することなく、相互に〔他の要素を〕「これは好き」としたり「これは嫌い」としたり、「これは好きだし嫌い」とすることもありません。

その七つ〔の要素〕とは何かといえば、

一、地の要素
二、水の要素
三、火の要素
四、風の要素
五、楽
六、苦

七、霊魂（命。ジーヴァ[1]）です。——中略——

そこには〔他者を自ら〕殺害する者も、〔誰かに命じて〕殺害させる者もありません。〔殺害自体がない以上、誰かが殺されたと〕聞く者も、聞かせる者も、知る者も、知らせる者もありません。たとえ鋭利な刀で頭を一刀両断にしても、誰かが誰かから生命を奪うことはありません。〔たとえ剣を振り下ろしても〕ただ単に、七つの要素の間を刀の切れ目が通っていくにすぎないからです》（『ディーガ・ニカーヤ』第一巻、五六頁）

七要素説と唯物論とはどう違うか

いかがでしょう。凄まじいまでの「要素主義（あえて、物質主義とは呼んでいません）」ですね。他人の頭に向かって刀を振るえば、刀は頭を切り裂き、その人を死に至らしめます。それが古今東西の別を問わず、人間が獲得してきた「経験的知識」です。ところがカクダは七要素説を唱えることによって、この経験的知識に挑戦しているのです。

ここでカクダの七要素説と、前講で見たアジタの唯物論（四元素説）とを比較してみましょう。両者の共通点は、世界の構成要素としてどちらも、

一、地

二、水
三、火
四、風

という四種の独立した元素（物質）を挙げている点です。ところがアジタの唯物論の場合、これら四元素以外のものの独存を認めていませんから、カクダが四元素に加えて、

五、楽
六、苦
七、霊魂（命。ジーヴァ）

という、物質以外の三要素を独存させている点で、両者は袂を分かつことになります。唯物論は、物質を離れた他の要素（たとえば、精神や魂や命）の独存を認めない考え方です。ですからカクダの七要素説は、確かにアジタの唱えた唯物論と共通点はあるものの、厳密には唯物論とは呼べないことが分かります。筆者が先ほど、カクダの説を「物質主義（唯物論）」とは呼ばなかったことも、このことによります。

霊魂の独存を認める七要素説の特徴

カクダの七要素説の最大の特徴は、七番目の要素として霊魂（命。ジーヴァ）の独存を認めて

いることです。このジーヴァは原語こそ異なるものの〈正統派〉のアートマン[2]（霊魂）と極めて類似した観念といえます。常住不滅のアートマンは、〈正統派〉の認める「輪廻」の全期間にわたって存在し続け、個人主体（輪廻主体）・業の担い手として機能します。アートマンが内在している生命体を「サットヴァ[3]（意思作用を有するもの）」と呼び、この「サットヴァ」の漢訳語が「衆生」です。

衆生の状態は輪廻する六つの世界（六道、六趣）に応じて、六つに分類されます。ここで用いられている「趣」とは、「赴く」の「赴」と同義で、原語の「ガティ[4]」も「赴くこと、赴く先」を意味しています。それらは上から順に、

①天（デーヴァ[5]。ヴェーダ起源の神々。代表例はインドラ＝帝釈天）
②人（マヌシュヤ[6]）
③阿修羅（アスラ[7]。インド土着の神々。代表例はルドラ＝後のシヴァ神）
④畜生（ティルヤンチュ、ティルヤグ・ヨーニ[8]。人間以外の動物）
⑤餓鬼（プレータ[9]。飢えた亡霊）
⑥地獄（ナラカ[10]。音写語が奈落）

という六種類に分かたれており、上の三道（①②③）を「三善道・三善趣」。あるいは単に、善道・善趣（ス・ガティ[11]）」、下の三道（④⑤⑥）を「三悪道・三悪趣」。あるいは単に、悪道・悪趣

（ドゥル・ガティ[12]）」と呼びます。衆生は、これら六道のどこかに配当されることになります。

ここで、あることにお気づきになった読者の方もいらっしゃるかもしれません。そうです。植物が入っていないのです。これは別段、インドの人々が「植物はいきものではない」と考えていたことを意味しません。確かに立場の違いはありますが、インド全般において、植物をいきものとみなさない考えは主流ではありません。ただし、いかに植物もいきものであるとはいっても、「衆生」という範疇には入っていません。インドにおいては、人間や動物と植物とは、衆生（サットヴァ）であるか否かという点において厳密に区別されているのです。

インドにおける「菜食主義」の理由

インドに行くと、日本と比べて菜食主義の方が多いことに驚かされます。しかもそこにはある顕著な特徴があります。それは、その人のカースト（ジャーティ）が上位であるほど、菜食主義者が多くなる、ということです。各々のカーストでは、様々な掟が義務（ダルマ）として制定されています（第2巻第35講参照）。そして上位カーストであればあるほど、守らなければならないダルマも多くなります。本巻第76講で、ヨーロッパには「ノブレッス・オブリージュ（高貴なる者の果たすべき義務）」という観念があること、および、古来、洋の東西を問わず、上に立つ者にはそれに見合う義務を果たさなければならない、と考えられてきたことを見ました。インドのカーストにおけるダルマも、この文脈に沿うものといえます。

カーストのダルマは、職業、結婚、食事、宗教儀礼など、人生や生活の全般にわたって規定されており、しかも、上位カーストの方がより多くの規定を守らなければなりません。ここで、食事のダルマを例に取りあげてみましょう[13]。最上位カースト（バラモン階級の中でも最上位のバラモン）は、乳製品を含め、一切の動物由来の食事を摂らないという、完全な菜食主義者（ヴィーガン、ビーガン、vegan）です。以下、カーストのランクが下がるごとに、動物性の食事の割合が増えてきます。大きく見ていけば、乳製品や無精卵なら摂るというカースト、魚や鳥を摂るカースト、哺乳動物を摂るカーストと続き、ついには最下層のカースト（人間扱いされない不可触民カースト。アンタッチャブル[14]）に至ると、「正統派」が神聖視している牛を摂るようになります。

では、植物も動物も、同じく「いきもの」であるにも関わらず、なぜインドでは菜食が尊ばれ、肉食がタブー視されるようになったのでしょうか。その理由や背景は複数挙げることができますが、本講ではその一つとして、動物が衆生（サットヴァ）であるのに対し、植物が非衆生（非サットヴァ）であるとみなされたことに注目しておきたいと思います。

先に見たように、衆生とは意思作用を持ったいきもので、「正統派」の教義によれば、最終目的である解脱を達成するまでは、ひたすら六道の世界に生まれては死に、死んでは生まれるを繰り返すという輪廻の鎖を経巡ります。六道の中には人間の世界（②人）もあれば、動物の世界（④畜生）もありましたね。両者は輪廻の階位の第二位と第四位という違いこそあれ、どちらも「衆生が経験する世界」の一つです。

今から殺して食べようとしている動物は、あなたが前世に動物であったときに生んだ子孫かもしれません。もしくはその動物は、あなたの亡くなった先祖の生まれ変わりかもしれません。人間も動物もサットヴァである以上、長い輪廻転生の間に、どちらの世界も経験していることは確実です。輪廻の観念を厳密に信じれば信じるほど、同じくサットヴァである動物を殺して食べることは、「家族を殺して食べること」「共食い」と同義になってきます。カーストは上位であればあるほど、守るべきダルマも厳格になると申し上げました。輪廻の観念についても同様です。上位カーストほど輪廻の観念を厳密に信じて、あるいは、信じなければなりませんから、共食いになりかねない肉食も当然のようにタブー視されるようになったのです。

日本に輪廻観が受容されない理由

インド発祥の輪廻（生まれ変わり）の観念は、仏教を通じて日本にも伝わりました。阿弥陀仏の住する極楽世界への往生（この娑婆世界で死して後、極楽世界へ往って男子に生まれ変わる）は、その代表例といえるでしょう。各宗派の祖師をはじめ、歴史に名を残した高僧と呼ばれる方方の中には、日本人でありながらも、インド発祥の輪廻の観念を厳密に信じていた方も少なくありません。ところが、日本の庶民は必ずしもそうではありませんでした。事情は現代でも同様です。

たとえば、「自分は前世において名のある武士であった」「来世はどこかの国の王女様に生まれたい」と、「自分」については述べることがあっても、「このステーキは、もとは自分と親子関係にあった牛の肉かもしれない」や「昨年亡くなったうちの祖母は、今頃は極楽浄土で誰か別の男の人に生まれ変わっている」と考える方は、本当に稀なのではないでしょうか。

多くの場合、日本人の輪廻の観念は、「自分」についてはあれこれ適用することはあっても、家族を含めた他者に適用することはなかなかできません。牛は家族ではなく牛のままで、祖母は男性ではなく女性のままであって欲しいと日本人は願うのです。筆者はこのことを別段否定したりはしません。インドに誕生した仏教にとって輪廻の観念は「本来的」ではありましたが、決して「本質的」ではないからです（第2巻第46、47、53講）。仏教では、そこに〈三（四）法印〉が確認されるかぎり、どのような教え・考えであれ仏説であり、仏教という宗教の体系下において是とされます。

筆者が指摘したいのは、生前や特に死後について、日本人はたとえ自分は変化しても、家族には変化してもらいたくない、と思っているということなのです。たとえば、遺された家族に金銭的な負担をかけたくないからという理由で、葬儀もあげずに荼毘に付し、そのまま散骨、あるいは遺骨の引き取りを拒否するよう頼んだ父親があったとしましょう。遺族は父親の遺命に従い、そのとおりに実行したとしましょう。願いが叶ったわけですから、父親としては満足だったかもしれません。ところが遺族は、旅立った父親を完全に手放してしまった（父親が二度とアクセスできない相手へと完全に変化してしまった）ことに後で気づき、大いに狼狽するという例が少なくありません。

「死」とは決して、その人の内部だけで収拾・決着がつくものではありません。人が社会的存在である以上、その人の死も社会的なものです。だからこそ、葬儀は社会的な通過儀礼として永々と営まれてきました。死や葬儀を個人のものと捉える考え方の根底には、〈他者と切り放された自分〉が存在し得るかのような、現代社会に蔓延しつつある「バラバラ人間観」があるように筆者には思えます。仏教的にいえば、全ては悪しきサンスカーラ、そして無明のなせるわざに他ならないのです。

第81講
生まれた者には死は必定であり死んだ者には生が必定である

カクダの七要素説は特殊なものか

六名の沙門（六師外道）のうち、四人目のカクダ・カーティヤーヤナの展開する「七要素説」では、万物は、

一、地の要素
二、水の要素
三、火の要素
四、風の要素
五、楽
六、苦
七、霊魂（命。ジーヴァ）

という七つの要素に分かれていました。そのため彼の説は、たとえ人が誰かの頭に刀を振り下ろそうとも、七つの要素の間を刀の切れ目が通っていくに過ぎないため、生命（ジーヴァ）が奪われることはない（人殺しにならない）という、凄まじいまでの要素主義を展開していました。

ところで、前講でも本講でも筆者は「凄まじい」という表現を使いました。日本人の読者であれば、筆者と同様の感触を持たれたのではないかと思います。『古事記』にも明瞭に表されているように、古来、日本人は死（死者）を畏れ、忌避し、現世における生をことのほか大切にしてきました。このようなエートス（ある民族・文化・社会集団に共通する精神・気風・特性）を有する日本人にとっては、カクダの七要素説が受け容れられる余地は極めて少ないといってよいでしょう。

ところが、日本人とは異なり、業・輪廻・解脱の観念をエートスとして有するインド人（特に、大多数を占める「正統派」）にとって、カクダの七要素説は日本人が感じるほどの突拍子のなさを持ってはいないのです。すなわち、インド人にはカクダの七要素説を、たとえそれが部分的にではあったとしても、受け容れる余地・下地がある、ということです。だからこそ彼のような思想家が、インド宗教史の中にその名を残すことができたのです。インド人が持つ、カクダの七要素説を受け容れる余地・下地とは、一体どういうものなのでしょうか。

世界最大の叙事詩『マハーバーラタ』

〝古典叙事詩〟と聞いて、みなさんは何を思い浮かべるでしょうか。少なくない方が、古代ギリシャのホメロス（「ホメーロス」）[1]とも。紀元前八世紀頃）に帰せられる、『イーリアス』[2]と『オデュッセイア』[3]という〝ギリシャ二大叙事詩〟を想起されるのではないでしょうか。

「西洋文学の父」とまで評されるホメロスは、古代ギリシャの文化・教養を下支えしたのみならず、古典期をはるかに超えて、ルネサンス期や現代に至るまで、その文学性が論じられ続けています。西洋人が抱きがちな「西洋こそ文化が進歩した地域だ」という説も、そのおおもとを辿ればホメロスの存在に行き着く可能性も捨てきれないほどです。ともあれ、それほどまでに西洋の文化や精神に、ホメロスの二大叙事詩が及ぼした影響は大きかったのです。

しかしインドに、その『イーリアス』と『オデュッセイア』をはるかに凌ぐ、巨大な叙事詩が伝わっているということを、読者のみなさんはご存じでしたでしょうか。その叙事詩こそ、『マハーバーラタ』[4]全十八巻と『ラーマーヤナ』[5]全七巻です。ことに『マハーバーラタ』は約十万もの詩よりなる長大な叙事詩で、その分量は何と、『イーリアス』と『オデュッセイア』を両方合わせた分量の、さらに八倍にも達するのです。『ラーマーヤナ』は『マハーバーラタ』の四分の一ほどの分量ですが、それでもギリシャ二大叙事詩の二倍の分量を誇っています。

世界最大の叙事詩は、ギリシャ（ヨーロッパ）ではなくインド（アジア）にあったのです。このことについては、インド人のみならず、日本人を含めたアジア人は大いに自負の念と自信を持って構わないものと筆者は考えています。『マハーバーラタ』はその冒頭において、

《義務（ダルマ）・実利（アルタ）・愛欲（カーマ）・解脱（モークシャ）に関し、ここにあるものは他にもあり、ここになきものはいずこにもなし》

と、自らがインド人の三大目標（第2巻第35講）に「解脱」を加えた四大目標の全てを兼ね備えていることを記し、その膨大さと完備性を謳っています。

『マハーバーラタ』とは、「バラタ族の[6]〔領土獲得にまつわる〕大〔戦争を巡る長い長い〕物語」という意味です。バラタ族とは、現在のインド人の祖先と信じられている部族のことで、現在のインドの国名（英名はインディア）も、インド語では「バーラタ[7]（バラタ族の国の意。ヒンディー語読みではバーラト）」と呼ばれているのです。

聖典『バガヴァッド・ギーター』

『マハーバーラタ』全十八巻中の第六巻にある、七百偈よりなる一連の部分は聖典として、特に『バガヴァッド・ギーター[8]』と呼ばれています。

「バガヴァット[9]」は「神」、「ギーター」は「歌」を表すことから、一般には「神の歌」と訳出されることが多いようです。ただ、日本語では同じ「神」であっても、通常の「神」を表す「デ

ーヴァ」がまだ輪廻を解脱していない存在であるのに対し、「バガヴァット」は輪廻を超えた絶対的な主（しゅ）を指しますから、あるいは「主の歌」「絶対神の歌」と訳出した方が適切かもしれません。

この「バガヴァット」は仏教では、仏弟子が釈尊を指示したり呼びかけたりするときに用いられ、漢訳語は「世尊（世に尊ばれるお方）」でほぼ統一されています。しかし「バガヴァット」が輪廻を超えた絶対的な存在を指していることを考慮すると、果たしてこの漢訳語が適切であったのか、今となっては疑問も残ります。仏典が英訳される場合は、「バガヴァット」はほぼ例外なく「ロード（主）」と正確に訳出されます。

『バガヴァッド・ギーター』はインドで最も人気の高い聖典であり、西洋のそれに倣い「インドのバイブル」とも呼ばれています。インドの聖典の中で、最初に現代西洋語に翻訳されたのも『バガヴァッド・ギーター』で、その内容の深さに、アジアの後進性を信じていた西洋人は大いに驚いたといいます。

インドでただ単に『ギーター（歌）』といえば『バガヴァッド・ギーター』を指すくらいですから、その影響力と浸透力の強さが窺えますね。果たして日本や米国で「歌」や「ソング」といって、誰もがただ一つの作品を指し示すことなどあり得るでしょうか。以下ではインドの用例に従い、単に『ギーター』と表記することにします。

バラタ族は、同じ一族でありながら、パーンダヴァ軍[10]とカウラヴァ軍[11]の両者に分かれ、領土獲得を巡って大戦争をしました。その記録が『マハーバーラタ』の中軸を形成しているわけですが、その中でも『ギーター』の舞台は、現在のデリーの北方にあるクル平原（クルクシェートラ）[12]に集結した両軍が、まさに戦闘の火蓋を切ろうとする時点から始まります。

パーンダヴァ軍は、パーンダヴァ五王子と呼ばれる五人の王子を将として率いられていました。その第三王子であるアルジュナ[13]が、『ギーター』の主人公です。クル平原でカウラヴァ軍と対峙したアルジュナは、今や敵となった相手方に、自分の親族が多くいることに気づかされます。もともと同じバラタ族同士の争いなのですから、当然といえば当然なのですが、今から殺そうとしている相手が、かつては一緒に遊んだ親族であることに、純朴なアルジュナは耐えられなくなります。彼は失意に充たされ嘆きます。

《ああ、私たちは何という大罪を犯そうとしているのか。王権の快楽を貪り求めて、親族を殺そうと企てるとは》（『ギーター』一・四五）

アルジュナは、自分にはとても親族を殺すことなどできない、そのようなことをするくらいなら、自ら命を絶ってしまおうとまで思い悩みます。このままではパーンダヴァ軍は、戦う前から将の一人を失うことになり、戦況は一気に不利になってしまうでしょう。するとアルジュナの乗る馬車（戦車）[14]を操縦していたクリシュナ[15]（色黒き者、の意）という名の従兄弟・御者が、アルジュナを励まし戦闘に参加させようとします。彼は戦争を有利に運ぶために、アルジュナを励ましたのでしょうか。いいえ、彼の目的は全く別のところにありました。

クリシュナの教誡こそ『ギーター』

実はクリシュナは単にアルジュナの従兄弟・御者というだけではなく、教えを垂れる賢者でもありました。というよりも、むしろクリシュナが人を導くことのできる優れた智慧者であったため、アルジュナは彼に御者を任せていた、といった方が正確です。そしてクリシュナの智慧が本領を発揮し、『ギーター』というかたちに結実したのです。クリシュナがアルジュナを諭します。

《人が古い衣服を捨てて新しい衣服を身につけるように、霊魂（アートマン、個人主体、個我）は古い身体を捨てて別の新しい身体に赴く》（同、二・二二）

肉体と霊魂とを別立てにし、霊魂の不滅・実在を説く「正統派」の説においては、「人が死ぬ」という現象は、肉体が霊魂の容れ物として用済みになったことを意味します。

カクダは霊魂を「命（ジーヴァ）」とみなしています。霊魂が不滅であれば命も不滅となり、その結果、「殺人」はおろか「死ぬこと（命がなくなること）」すらないことになります。「正統派」では、「アートマンが肉体に入っていること」を「生きていること」「アートマンが肉体を捨てること」を「死ぬこと」とみなしているため、カクダのように「万物は死なない」とまでの極論には達していません。しかし「死とは単に、人が古い衣服を捨てて新しい衣服を身につけるようなものだ」という譬喩からも分かるように、業・輪廻・解脱をエートスとするインド「正統派」においては、日本人が感じるほどの重みをもっては、死を受け止めてはいないように思われます。これが、先に申し上げた「インド人が持つ、カクダの七要素説を受け容れる余地・下地」です。このことは、前者に続くクリシュナの教誡を見るとさらに明らかになっていきます。

《生まれた者には死は必定(ひつじょう)であり、死んだ者には生(しょう)が必定である。だから、避けられないことがらについて、君（アルジュナ）が嘆く必要などないのだ》（同、二・二七）

「生まれた者は必ず死ぬ」、これは日本人のみならず、万人が認める真実であり、同時に「科学的真理・真実」でもあります（第1巻第6講参照）。ところが輪廻の思想においては、さらに、「死んだ者は必ず再び生まれてくる（再生(さいしょう)する）」という「宗教的真理・真実」がくわえられます。これが「生まれては死に、死んでは生まれ変わってくる」という「輪廻転生」の世界観・人間観なのです。

　輪廻が避けられないものであるならば、人が死ぬということも同様に不可避となります。「死が不可避である以上、人を殺しても君が嘆く必要などない」というのが、クリシュナの教誡の中身になります。カクダのときにくわえて、今回もまた「凄まじい」内容の教説が展開されていますね。これではまるで『ギーター』が、「インドのバイブル」ではなく「殺人教唆のバイブル」

のようにも映ってしまいます。

『ギーター』は殺人教唆の教本に非ず

しかし、『ギーター』は万人に殺人行為を勧めるものでは決してありませんでした。クリシュナの教誡は、クシャトリヤ（武人階級。ヴァルナの第二位）であるアルジュナに対してのものだったからです。

《自らの義務を考慮して、おののくべきではない。クシャトリヤに生まれた者にとって、義務に基づく戦いほど崇高なものはないのだから》（同、二・三一）

「自らの義務」の原語は「スヴァ・ダルマ」[16]で、自らの所属するヴァルナ・カーストに固有の（スヴァ）義務（ダルマ）を指します。クシャトリヤ階級に生まれた者にとっては、武力をもって国を統治し、一旦ことあるときは、武器を取って敵と戦い、民の安全を守ることがスヴァ・ダルマです。「アルジュナもクシャトリヤである以上、戦場において敵と戦うという自らの義務を果たせ。スヴァ・ダルマを果たすことほど、この世で崇高な行為はない」とクリシュナは教示しているのです。しかもクリシュナによれば、スヴァ・ダルマを果たすことは単に崇高な行為に留まらず、最高存在たるブラフマン（梵、解脱）へと至らせるものでもあったのです。

《それゆえ、〔行為の結果や行為の放棄への〕執著を捨て、なすべき行為を常に実行せよ。

執着を捨てて〔なすべき〕行為を実行する人は、〔いずれ〕最高存在〔たるブラフマン〕へと至るのだ》（同、三・一九）

《行為の結果〔への執著〕を捨て、〔ひたすら行為の実行そのものに〕専心する者は、究極の平安（解脱）に到達する。専心しない者は、欲望の赴くまま、結果に執著して〔輪廻の世界に〕束縛される》（同、五・一二）

難しい教義も、高額な布施も、厳しい修行も一切必要ありません。自らの所属するヴァルナ・カーストに固有の義務である「スヴァ・ダルマ」を果たすこと、それがそのままで最高の宗教的行為であり、自らを人生の究極目標である解脱へと導いてくれるのです。

『ギーター』がなぜインドのバイブルと呼ばれるか、読者のみなさんにはお分かりいただけたのではないでしょうか。同時に、なぜインドの人たちがヴァルナ・カースト制を放棄しないのかもご理解いただけたと思います。ヴァルナ・カーストに基づくスヴァ・ダルマがないと、大多数の「正統派」にとっては解脱への道が閉ざされてしまうのです。

これからの展開（第4巻の予告について）

以上のように、六師外道のうち、プーラナ・カーシャパ、マスカリー・ゴーサーリプトラ、アジタ・ケーシャカンバラ、カクダ・カーティヤーヤナの四師を見てきましたが、ここで紙面が尽きてしまいました。まことに恐縮ですが、残された二師については今後の第4巻に譲りたいと思います。すなわち、懐疑論を展開したサンジャヤ・ヴァイラティープトラと、ジャイナ教の開祖であるニルグランタ・ジュニャータプトラ（別名、ヴァルダマーナ）の教説の検討です。後者のジャイナ教は「仏教の姉妹宗教」とも呼ばれることがありますが、両者が辿った運命は対照的でした。十三世紀初頭に行われたムスリム勢力の大規模な武力侵攻により、仏教のメインストリームがインドの地で途絶えてしまったのに対し、ジャイナ教はその命脈を保ち続け、今日まで存続しています。両者には共通点が少なからず確認されることは確かです。ですが、「インド社会との関わり方」という点において決定的な相違があり、それが両者の命運を分けることとなったのです。

そして、六師外道の後は、釈尊によるコーサラ国王波斯匿（はしのく）に対する教誡を通して、「釈尊が遺した在家者向きの教え」のありようを見てまいります。これも釈尊の教えを知る上できわめて大切なことです。遺法を整理し仏典に編み上げたのが出家者であったことも手伝い、仏教の教説の大部分は出家者向きです。そのような状況下で、釈尊の波斯匿王に対する教誡は、在家者向きの教えとして貴重な資料となっています。そしてそこには仏教が世界宗教となり得た理由の一つがあります。このことを通して、仏法が相手に応じて処方される治療薬であることを再確認してまいりましょう。

□

ここにしかない原典最新研究による

本当の仏教 第3巻

―注―

■はじめに　人間の行いを常に見つめる仏教の眼差し

（1）〝「**ありがとう**」と「**あたりまえ**」〟は、『在家佛教』通巻七六一号（二〇一五年十月号）への筆者の寄稿文を元に改稿を施したものである。

（2）「ぼんぷ」とも。プリタグジャナ（Sanskrit: pṛthagjana; Pali: puthujjana）。仏教の道理に冥い者。

（3）ものごとをありのままに見ることのできる、ブッダに特有の能力。本巻第60、70講参照。

（4）「目覚める」を意味する動詞√budhの派生語（過去分詞の名詞的用法）。「〔真理に〕目覚めた者」の意。すなわちブッダは元来、固有名詞ではない。

（5）アヴィディヤー（Sanskrit: avidyā; Pali: avijjā）。原義は「〔道理に〕冥いこと」。

（6）Sanskrit: saṃskāra; Pali: saṃkhāra. 原義は「全く作り上げること。完成」。

（7）第2巻「はじめに」注（5）参照。

（8）プラティートゥヤサムトゥパーダ（Sanskrit: pratītyasamutpāda; Pali: paṭiccasamuppāda）。〔原因に〕縁って起こること。第1巻第10講参照。

（9）アヌローマ（anuloma）。原義は「毛並みに沿うこと」。

（10）これを無明の「滅（ニローダ、nirodha）」という。無明の滅とは無明を無くしてゼロにすることではなく、無明が暴れ出さないように抑え込み、無明と共存していくことを意味している。第1巻第18、23講参照。

（11）プラティローマ（Sanskrit: pratiloma; Pali: paṭiloma）。原義は「毛並みに逆らうこと」。第1巻第10、

18講参照。

（12）サルヴァサンスカーラー　アニティヤーハ（Sanskrit: sarvasaṃskārā anityāḥ; Pali sabbasaṃkhārā aniccā）。サンスカーラが一定していないことをいう。仏教では「サンスカーラは無常である」と主張しているのであって、「あらゆるものは無常である（Everything is changing; All things must pass.）」との解釈は一義的でない。第1巻第9、10講参照。

（13）サルヴァサンスカーラー　ドゥフカーハ（Sanskrit: sarvasaṃskārā duḥkhāḥ; Pali sabbasaṃkhārā dukkhā）。仏教における「苦」とは「苦しい、つらい」ではなく、「思い通りにならないさま」を示す。第1巻第9、17講参照。

（14）サルヴァダルマー　アナートマーナハ（Sanskrit: sarvadharmā anātmānaḥ; Pali: sabbadhammā anattā）。〈真の自己（本当の私）〉は凡夫の認識対象外であることをいう。仏教は〈偽りの自分〉から脱却し〈真の自己〉を回復することを目指す宗教である。そのため、「無我」を「〈真の自己〉など存在しない」と理解することは適切でない。第1巻第20講、第2巻第46、47講参照。

（15）シャーンタン　ニルヴァーナム（Sanskrit: śāntaṃ nirvāṇam; Pali: santaṃ nibbānaṃ）。

（16）Kosala. 釈尊在世当時、マガダ（Magadha）国と並び、ガンジス河中流域における二大国であった。

（17）シュラーヴァスティー（Sanskrit: Śrāvastī; Pali: Sāvatthī）。

（18）〝**殺人鬼の「生まれ変わり」**〟は、『日蓮宗新聞』通巻二三二〇号（二〇一八年三月十日号）への筆者の寄稿文を元に改稿を施したものである。第2巻第38～43講参照。

(19) **Aṅgulimāla.** 漢訳名は「央掘魔羅」や「指鬘」など。

(20) プラセーナジット（**Sanskrit: Prasenajit; Pali: Pasenadi**）。

(21) シャーキャムニ（**Sanskrit: Śākyamuni; Pali: Sakyamuni**）。仏教の開祖。「シャーキャ（釈迦）族出身の聖者」の意。「釈迦牟尼世尊」の略称。仏教の開祖を言い表す際の、標準的な学術的呼称。「釈迦」はあくまで氏族名であり、個人の名称ではない。第2巻「はじめに」注（1）参照。

(22) 「ビクシュ（**Sanskrit: bhikṣu; Pali: bhikkhu**）」に相当する語の音写。男性の正式な出家仏教徒。原義は「〔食物を〕乞う人」。女性の正式な出家仏教徒は「比丘尼、ビクシュニー（**Sanskrit: bhikṣuṇī; Pali: bhikkhunī**）」という。

(23) ジェータヴァナ・アナータピンダダスヤーラーマ（**Sanskrit: Jatavana-anāthapiṇḍadasyārāma; Pali: Jetavana-anāthapiṇḍikārāma**）。「祇園」とは「祇樹（もとは祇陀王子の樹林で）給孤独（須達長者が寄進した）園」の略。第2巻第31、32講参照。

(24) ***Majjhima-Nikāya*, 3 Vols., London: Pali Text Society.**

(25) 第1巻第7、27講、本巻第69講参照。

(26) サンサーラ（saṃsāra）。原義は「経巡ること」。第2巻第41講参照。

(27) 「クシャナ（**Sanskrit: kṣaṇa; Pali: khaṇa**）」に相当する語の音写。古代インドにおける時間の最小単位。第2巻第41講参照。

(28) 第2巻第42講参照。

（29）本巻第56講参照。

（30）第1巻第6講参照。

■第56講　破僧をいさめる釈尊の最後通牒に対する提婆達多の返答

（1）**Devadatta.** 漢訳語には「調達（じょうだつ）」もある。

（2）**Ānanda.**

（3）**Sanskrit: Aniruddha, Pali: Anuruddha.**

（4）**Sanskrit: Ajātaśatru, Pali: Ajātasattu.**

（5）**saṃgha.** 漢訳語は「僧伽」や「僧」。その定義については第1巻第21講参照。

（6）**Bimbisāra.**

（7）ただし、提婆達多が釈尊暗殺計画を本当に実行したかについては疑義が残る。本巻第61、62講参照。

（8）一方で、王子が王を殺したとする伝承も存在する。第2巻第51講、本巻第61、75講参照。

（9）**Sanskrit: Gṛdhrakūṭa-parvata; Pali: Gijjhakūṭa-pabbata.** 本巻第63講注（1）参照。

（10）アヴィーチ（**Avīci**）。最底辺の地獄。

（11）ただし、この時点で提婆達多の堕地獄が決定したかどうかは、彼が釈尊暗殺計画を本当に実行したかに懸かっている。本講注（7）参照。

（12）コーカーリカ（**Kokālika**）、カタモーラカ＝ティシュヤカ（**Sanskrit: Kaṭamoraka-tiṣyaka; Pali:**

Kaṭamoraka-tissaka)、カンダデーヴィヤープトラ（Sanskrit: Khaṇḍadeviyāputra; Pali: Khaṇḍadeviyāputta）、サムドラダッタ（Sanskrit: Samudradatta; Pali: Samuddadatta）。第2巻第54講参照。

（13）サンガベーダ（saṃghabheda）。

（14）詳しくは第2巻第54講参照。

（15）アラニャ（Sanskrit: araṇya; Pali: arañña）。人里を離れた静かな場所。空閑処（くうげんしょ）。

（16）マディヤマー　プラティパッド（Sanskrit: madhyamā pratipad; Pali majjhimā paṭipadā）。今の〈自分〉に合った方法・手段・教え・歩みを通して涅槃へと向かうこと。「一」と「三」があるときに「二」を取ることは「中庸」であって、仏教の「中道」とは異なる。第1巻第16、17講、第2巻「はじめに」参照。

（17）プニャクシェートラ（Sanskrit: puṇyakṣetra; Pali: puññakhetta）。出家者を、ご利益（りやく）・功徳・福徳を生み出す田んぼや畑に見立てたもの。その場合、出家者に布施をすることが種まきに、ご利益を蒙ることが収穫に相当する。福田思想については、第1巻第5講注（9）、第21講参照。

（18）動詞プラダクシニー・クリ（pradakṣiṇī-√kṛ）およびその派生語。

（19）第2巻第55講参照。

（20）ラージャグリハ（Sanskrit: Rājagṛha; Pali: Rājagaha）。阿闍世王の治めるマガダ（Magadha）国の首府。

（21）*Vinaya-piṭaka*, 5 Vols., London: Pali Text Society.

（22）仏教徒は釈尊のことを決して名前（俗名）で呼ばない。第2巻第39、52、54講、拙著『葬式仏教正当論』第5章参照。

(23) Nālāgiri. 第2巻第53講注（3）参照。

(24) ドゥタ（dhuta）、ドゥータ（dhūta）。

(25) バガヴァット（bhagavat）。原義は「幸ある者」。第1巻第14講の注（1）、拙著『葬式仏教正当論』第1章の注（18）参照。

(26) カルパ（Sanskrit: kalpa; Pali: kappa）。インドにおける最長の時間単位。詳しくは本巻第77講参照。

(27) Sanskrit: upavāsa, upoṣadha; Pali: uposatha.

(28) ウパーサカ（upāsaka）。

(29) ウパーシカー（upāsikā）。

(30) Sanskrit: śīla; Pali: sīla.

(31) Sanskrit: satya; Pali: sacca.「言ったとおり」であること。

(32) vinaya.

(33) パーラージカ（pārājika）。

(34) Sanskrit: prātimokṣa; Pali: pāṭimokkha.

(35) シクシャーパダ（Sanskrit: śikṣāpada; Pali: sikkhāpada）。律の条項のこと。

(36) Arabic: al-Islām.

(37) Arabic: ḥajj.

(38) Arabic: Muslim. 女性形は「ムスリマ（Muslima）」。
(39) Arabic: Makkah; English: Mecca.
(40) Arabic: Ka‘ba.
(41) サウジアラビアはそれ以外の期間においても、観光目的でのムスリム以外の入国を原則認めてこなかった。
(42) 今年（二〇一八年）のハッジは夏に行われる。
(43) ハラル・ジャパン協会のウェブサイト（http://www.halal.or.jp/halal/halal2.html　二〇一八年四月二日アクセス）より。
(44) インダス文明に関しては、本巻第78講参照。
(45) 『世界人口白書２０１７』（国連人口基金）より。

■第57講　提婆達多の破僧に対する釈尊の嘆きとサンガの基本

(1) カルマン（Sanskrit: karman; Pali: kamman）。「業」を表すことばと同じ原語である。第2巻第50講参照。
(2) チャートゥルデーシャ・サンガ（Sanskrit: cāturdeśasaṃgha; Pali: cātuddisasaṃgha）。
(3) サンムキーブータ・サンガ（Sanskrit: saṃmukhībhūtasaṃgha; Pali: sammukhībhūtasaṃgha）。
(4) 比丘サンガと比丘尼サンガとの関係については、第2巻第34、35講参照。
(5) 「ほっかい（ダルマ・ダートゥ、dharmadhātu）」。(1)真理・覚りの境地のこと、(2)意識の対象、存在物、

⑶現実の世界、など、多義を有する。

（6）dhātu.

（7）sīmā.

（8）アラニャ（Sanskrit: araṇya; Pali: arañña）。村落・人里から「程よく」離れた、修行に適した閑静な場所のこと。本巻第56講注（15）参照。

（9）布薩・羯磨が異なることから生じる破僧を「カルマベーダ（karmabheda）」と呼ぶ。インドにおける破僧は、基本的にこのカルマベーダである。

（10）教えが異なることから生じる破僧を「チャクラベーダ（cakrabheda）」と呼ぶ。チャクラとは「教え」を意味する「法輪（ダルマチャクラ。Sanskrit: dharmacakra; Pali dhammacakka）」に由来する。

（11）udāna.

（12）デーシャナー・ダルマ（deśanādharma）。

（13）アディガマ・ダルマ（adhigamadharma）。

▩第58講　提婆達多に従った五百人の比丘を救った舎利弗と目連

（1）Sanskrit: śalākā; Pali: salākā.

（2）Sanskrit: Vaiśālī; Pali: Vesālī. ガンジス河中流域北岸にあった都市。民主的な政治が行われていたことで知られている。

（3）Sanskrit: Vṛji; Pali: Vajji.

（4）Sanskrit: āyuṣmat; Pali: āyasmat. 「寿命（āyus）」を「持つ者（mat）」という意味で、年長者（これまで長くの寿命を保ってきた者」に対しても、若年者（これから長くの寿命を有している者」に対しても用いられるが、本文中に記したように、仏教における伝統的用法は「法臘の短い（新参者の）出家者が、法臘の長い（古参の）出家者に対して用いる尊称」であり、和訳に際してはその人の実年齢に関わらず「尊者」とするのが通例である。

（5）Sanskrit: sthavira; Pali: thera.

（6）Theravada (Theravāda) Buddhism.

（7）アプラマーダ（Sanskrit: apramāda; Pali: appamāda）。

（8）サムヤク・スムリティ（Sanskrit: samyaksmṛti; Pali: sammāsati）。八正道（＝中道）については、第1巻第16、17講、第2巻第47講参照。

（9）Sanskrit: Śāriputra; Pali: Sāriputta. 釈尊十大弟子の一人で「智慧第一」とされる。

（10）Sanskrit: Mahāmaudgalyāyana; Pali: Mahāmoggallāna. 釈尊十大弟子の一人で「神通第一」とされる。舎利弗と目連の入信エピソードについては、第1巻第28、29講参照。

（11）スバーシタ（Sanskrit: subhāṣita; Pali: subhāsita）、スヴァーキャータ（Sanskrit: svākhyāta; Pali: svākkhāta）。

（12）*Aṅguttara-Nikāya*, 5 Vols., London: Pali Text Society.

（13）Kokālika. 第2巻第54講、本巻第56講注（12）参照。

（14）アビマーナ（abhimāna）、アディマーナ（adhimāna）。

（15）saṃghāṭī. 比丘が所有する三種の衣（三衣(さんね)、トゥリチーヴァラ、Sanskrit: tricīvara; Pali: ticīvara）の一つ。三衣とは、外套マントのサンガーティー、上衣(じょうえ)のウッタラーサンガ（uttarāsaṅga）、内衣(ないえ)のアンタラヴァーサカ（antaravāsaka）の三種である。

（16）ダルマ・チャクシュス（Sanskrit: dharmacakṣus; Pali: dhammacakkhu）。

（17）ヴェーヌヴァナ・カランダカニヴァーパ（Sanskrit: Veṇuvana-Kalandakanivāpa; Pali: Veḷuvana-Kalandakanivāpa）。第1巻第27講参照。

■第59講　比丘五百人を救い出した舎利弗と目連に釈尊はどう応えたか

（1）Sanskrit: sthūlātyaya; Pali: thullaccaya.

（2）sthūla.

（3）atyaya.

（4）合成語の種類は「同格限定複合語（Karmadhāraya, Kdh.）」である。

（5）第1巻第24講参照。

（6）ボーディサットヴァ（Sanskrit: bodhisattva; Pali: bodhisatta）の音写語「菩提薩埵(ぼだいさった)」の省略形。成仏を目指さない小乗仏教（ヒーナヤーナ、hīnayāna.「劣った乗り物」の意）では、菩薩は特定のブッダの前身を表す語として、固有名詞としての用法に限定される。一方、成仏を最終ゴールとする大乗仏教

（マハーヤーナ。mahāyāna.「立派な乗り物」の意）では、菩薩となる道は理念的に万人に開かれているため、普通名詞・一般名詞としての用法が発達した。第2巻第37講注（3）参照。

（7）第1巻第23講参照。

（8）Sanskrit: stūpa; Pali: thūpa.

（9）ルーパカーヤ（rūpakāya）。

■第60講　仏教はすべての欲を捨てて生きることを勧める宗教ではない

（1）アヴィディヤー（Sanskrit: avidyā; Pali: avijjā）。本巻「はじめに」参照。

（2）nirodha. 第1巻第18講、本巻「はじめに」注（10）参照。

（3）Sanskrit: saṃskāra; Pali: saṃkhāra. 潜在的〈自分〉形成力・形成作用。本巻「はじめに」参照。

（4）動詞ヤターブータン・ドリシュ（yathābhūtaṃ √dṛś）、およびその派生語。

（5）ヴャーカラナ（Sanskrit: vyākaraṇa; Pali: veyyākaraṇa）。原義は「区別、解説、解答」。

（6）Sanskrit: kalpa; Pali: kappa. 本巻第77講参照。

（7）√iṣ.

（8）Sanskrit: kalyāṇamitra; Pali: kalyāṇamitta.

（9）kalyāṇa.

（10）Sanskrit: mitra; Pali: mitta.

（11）『ブッダーヴァタンサカ（*Buddhāvataṃsaka*）』。

（12）「ガンダヴューハ（*Gaṇḍavyūha*）」。

（13）**Sudhana.**

（14）ダルマダートゥ（**dharmadhātu**）。ここでは真理・覚りの境地のこと。本巻第57講注（5）参照。

（15）パーパミトラ（**Sanskrit: pāpamitra; Pali: pāpamitta**）。

（16）『サッダルマプンダリーカ（*Saddharmapuṇḍarīka*）』。「白蓮華に譬えられる正しい教え」と解される。

（17）「提婆達多品」を別立するのは鳩摩羅什訳の『妙法蓮華経』のみであり、他の漢訳・サンスクリット原典・チベット訳では、「見宝塔品（ストゥーパサンダルシャナ・パリヴァルタ、*Stūpasaṃdarśana-parivarta*）」の後半に組み込まれている。さらには、元来の『妙法蓮華経』には「提婆達多品」自体が存在していなかったことも確かめられている。

（18）本巻第70講参照。

（19）『大正新脩大蔵経』第十三巻所収、No. 411.

（20）『大正新脩大蔵経』第十三巻所収、No. 412.

（21）クシティガルバ（**Kṣitigarbha**）。

（22）プラマーダ（**Sanskrit: pramāda; Pali: pamāda**）。

（23）タターガタ（**tathāgata**）。「如来」の語義解釈については、第1巻第15、16講参照。

（24）行を全て如来に預けるタイプの仏教については、第1巻第11講参照。

■第61講　提婆達多は釈尊を本当に殺そうとしたか仏典の矛盾を解く

（1）この件に関しては、本巻第75講も参照されたい。
（2）『大正新脩大蔵経』第十二巻所収、No. 365.
（3）『大正新脩大蔵経』第十二巻所収、No. 360.
（4）『大正新脩大蔵経』第十二巻所収、No. 366.
（5）本巻第58講参照。
（6）『大正新脩大蔵経』第二十二巻所収、No. 1425.
（7）『大正新脩大蔵経』第十二巻所収、No. 376.
（8）『大正新脩大蔵経』第五十一巻所収、No. 2085.
（9）本巻第63講参照。
（10）Sanskrit: Vipaśyin; Pali: Vipassin.
（11）Sanskrit: Śikhin; Pali: Sikhin.
（12）Sanskrit: Viśvabhū; Pali: Vessabhū.
（13）Sanskrit: Krakucchanda; Pali: Kakusandha.
（14）Sanskrit: Kanakamuni; Pali: Koṇāgamana.
（15）Sanskrit: Kāśyapa; Pali: Kassapa.
（16）Sanskrit: Śākyamuni; Pali: Sakyamuni. 本巻「はじめに」注（21）参照。

（17）*Dhammapada*, London: Pali Text Society.

（18）Sanskrit: bhadrakalpa; Pali: bhaddakappa.

（19）『大正新脩大蔵経』第五十一巻所収、No. 2087.

（20）「出家者の集う園林」を原義とする「サンガーラーマ（saṃghārāma）」の音写語より。僧院、寺院を意味する。

■第62講　釈尊の教団はなぜ提婆達多の教団を恐れたのか

（1）Sanskrit: satyavacana; Pali: saccavacana.　本巻第69講参照。

（2）Sanskrit: satya; Pali: sacca.

（3）vacana.

（4）学処の数は北伝の『四分律』（『大正新脩大蔵経』第二十二巻所収、No. 1428）による（厳密には、比丘尼三百四十八条）。南伝の『パーリ律』では、比丘二百二十七条、比丘尼三百十一条である。

（5）婬法（マイトゥナ・ダルマ。Sanskrit: maithuna-dharma; Pali: methuna-dhamma）。

（6）kāma.

（7）第2巻第35講、本巻第71講参照。

（8）brahmacaryā.

（9）本巻第57講参照。

■第63講　お布施をする意味が分かるコーサラ国王と妃の出会い

(1) グリドラクータ・パルヴァタ (Sanskrit: Gṛdhrakūṭa-parvata; Pali: Gijjhakūṭa-pabbata)。音写語は「耆闍崛山」。

(2) Magadha.

(3) Kosala.

(4) Sanskrit: Śākya; Pali: Sakya, Sakiya.

(5) Bimbisāra. 阿闍世の父。

(6) ヒマヴァット (Himavat)。

(7) ヒマーラヤ (Himālaya)。

(8) *Suttanipāta*, London: Pali Text Society.

(9) Sanskrit: Prasenajit; Pali: Pasenadi.

(10) シュラーヴァスティー (Sanskrit: Śrāvastī; Pali: Sāvatthī)。

(11) Mallikā.

(12) *Jātaka*, 6 Vols., London: Pali Text Society.

(13) 『クンマーサピンダ・ジャータカ (*Kummāsapiṇḍa-jātaka*, *Jātaka* iii. 405.15-414.25)』。

(14) Ānanda.

(15) アビシェーカ（Sanskrit: abhiṣeka; Pali: abhiseka）。
(16) アミターバ（Amitābha. 無量の光明持つもの、無量光）やアミターユス（Amitāyus. 無量の寿命持つもの、無量寿）。
(17) バイシャジュヤグル（Bhaiṣajyaguru）。
(18) マイトレーヤ（Sanskrit: Maitreya; Pali: Metteyya）。
(19) ヴァイローチャナ（Vairocana）。大日如来（ヴァイローチャナ、マハーヴァイローチャナ）と原語を同じくする。
(20) ブッダダートゥ（buddhadhātu）。
(21) サルヴァジュニャ（Sanskrit: sarvajña; Pali: sabbaññū）。「全てを知る者」の意。仏の異名の一つ。
(22) Sanskrit: pratyekabuddha; Pali: paccekabuddha.
(23) シュラーヴァカ（Sanskrit: śrāvaka; Pali: sāvaka）。「声聞」と「仏弟子」の関係については、第1巻第20講参照。
(24) Pali: paccaya; Sanskrit: pratyaya.

■第64講　僧侶はなぜ上座に坐るのかその本当の理由を再確認しよう

(1) 王が優婆塞になる経緯については、連載第83講（『月刊住職』平成30年3月号）参照。
(2) *Saṃyutta-Nikāya*, 5 Vols., London: Pali Text Society.

（3）Sanskrit: Śuddhodana; Pali: Suddhodana.

（4）Asita. 阿私仙（あしせん）。

（5）仏教におけるサンガ（僧宝）の成立については、第1巻第21講参照。

■第65講　世界で一番自分が大切だとする人に釈尊はいかに説いたか

（1）拙著『葬式仏教正当論』第2章参照。

（2）前掲書第3章参照。

（3）アオリスト（English: aorist）。

（4）アッジャガー（ajjhagā < adhi-√gam）。

（5）オプタティヴ（English: optative）。

（6）ヒンセー（hiṃse < √hiṃs）。

（7）svadharma. ヴァルナ・カーストに固有の義務。

（8）Sanskrit: śarīrapūjā; Pali: sarīrapūjā.

（9）シャイクシャ（Sanskrit: śaikṣa; Pali: sekha, sekkha）。まだ学ぶことの残っている、道半ばの修行者のこと。修行を完成させた聖者（阿羅漢）は「無学（アシャイクシャ、Sanskrit: aśaikṣa; Pali: asekha, asekkha）」と呼ばれる。

（10）二〇一七年二月二十八日の段階で確認。その後、改訂が施されている（二〇一八年三月三十一日アクセス）。（https://ja.wikipedia.org/wiki/%E8%91%AC%E5%BC%8F%E4%BB%8F%E6%95%99）

■第66講　自分を愛しく思う者は他人を傷つけてはならないという教誡

（1）サマーナールタター（Sanskrit: samānārthatā; Pali: samānattatā）。

（2）チャトゥヴァーリ　サングラハヴァストゥーニ（Sanskrit: catvāri saṃgrahavastūni; Pali: cattāri saṃgahavatthūni）。

（3）dāna.

（4）√dā.

（5）檀那寺は、亡くなった方の菩提（原義は「覚り」の意。この文脈では故人の御霊（みたま）を指す）を弔うという意味で「菩提寺」とも呼ばれる。

（6）シャト・パーラミター（ṣat-pāramitā）。「六」とは、

（一）布施波羅蜜（ダーナ・パーラミター、dāna-pāramitā）

（二）持戒波羅蜜（シーラ・パーラミター、śīla-pāramitā）

（三）忍辱波羅蜜（クシャーンティ・パーラミター、kṣānti-pāramitā）

（四）精進波羅蜜（ヴィーリャ・パーラミター、vīrya-pāramitā）

（五）禅定波羅蜜（ディヤーナ・パーラミター、dhyāna-pāramitā）

（六）智慧波羅蜜（プラジュニャー・パーラミター、prajñā-pāramitā）

である。

（7）「波羅蜜、波羅蜜多（パーラミター、pāramitā）」の語が「最上、最勝」を表す「パラマ（parama）」に由来し、語源的に「完成」の意味を持つことについては、筆者も異論はない。ただ、仏教史の中においては、その語源的意味を十分に承知した上で、あえてパーラミターを「パーラム・イター（pāram itā）。彼岸に達した。到彼岸」と理解してきたという「文化的脈絡」が存在する。筆者は語源的意味も、仏教史における文化的脈絡も、どちらも大切にしたいと考えている。

（8）ただし、芸人さんの芸が本当はつまらないにも関わらず、芸人さんを励ますためにあえて笑ってあげる場合には、財施になり得るかもしれない。

（9）Sanskrit: Gautamī; Pali Gotamī.

（10）カルパカーラ（Sanskrit: kalpakāra）、カッピヤカーラカ（Pali: kappiyakāraka）。

（11）Sanskrit: Aniruddha; Pali: Anuruddha.

（12）『大正新脩大蔵経』第二巻所収、No. 125.

（13）Nāgārjuna.

（14）『大正新脩大蔵経』第二十五巻所収、No. 1509.

（15）『大正新脩大蔵経』第八巻所収、No. 223.

（16）『大正新脩大蔵経』第二巻所収、No. 99.

（17）『大正新脩大蔵経』第九巻所収、No. 262.

（18）abhayaṃdada.

■第67講　他人に悪しきことばをなぜ使ってはならないか

（1）Sanskrit: priyavacana; Pali: piyavacana.

（2）アルタチャリヤー（Sanskrit: arthacaryā; Pali: atthacariyā）。

（3）ālaya.

（4）スバーシタ（Sanskrit: subhāṣita; Pali: subhāsita）。本巻第58講参照。

（5）Sanskrit: ātman; Pali: attan. 仏教は、ヴェーダの宗教が説く「常一主宰にして、宇宙の本体であるブラフマンと等置される個我」としてのアートマンの存在には否定的である一方で、修行の成果として達成されるべき〈真実の自己〉としてのアートマンは積極的に認めている。第1巻第24講、第2巻第44～48講参照。

（6）ラーガ（rāga）。

（7）ドヴェーシャ（Sanskrit: dveṣa; Pali: dosa）。

（8）モーハ（moha）。

（9）『重須殿女房御返事』（『昭和定本日蓮聖人遺文』一八五六～一八五七頁）。

（10）『アッコーサ（*Akkosa, Saṃyutta-Nikāya* i. 161.28-163.15）』。

（11）Bhāradvāja.

（12）『ダナンジャーニー（*Dhanañjānī*, *Saṃyutta-Nikāya* i. 160.3-161.27）』。その中で彼は阿羅漢果を証得したことが記されている。

■第68講　一族の出家に憤激したバラモンに対する釈尊の教誡

（1）Pali: Asurindaka-bhāradvāja.

（2）Pali: inda; Sanskrit: indra.

（3）asura.

（4）Persian: ahura. イランとアーリア人との関係については、本巻第78講参照。

（5）English: Zoroastrianism.

（6）Persian: Ahura Mazdā.

（7）German: Zarathustra.

（8）Friedrich Wilhelm Nietzsche.

（9）*Also sprach Zarathustra.*

（10）deva.

（11）*Ṛg-veda.*

（12）*Sāma-veda.*

（13）*Yajur-veda.*

(14) *Atharva-veda.*

(15) *Saṃhitā.*

(16) Sanskrit: Śakra; Pali: Sakka.

(17) vajra.

(18) 本巻第80講参照。

(19) Śiva. 第2巻第55講注(8)参照。

(20) Rudra.

(21) Viṣṇu. 第2巻第55講注(9)参照。

(22) アヴァターラ(avatāra)。「化身、権化」の意。原義は「入り込むこと」。英語に取り入られ「アヴァター(avatar)」となった。

(23) Kṛṣṇa. 本巻第81講参照。

(24) Rāma. 第2巻第34講参照。

(25) ただし、大国主命の息子の一人である建御名方神(たけみなかたのかみ)は「国譲り」に抵抗して力競べを挑み、結果破れて諏訪の地に封じられたと伝えられている。

■第69講　若き釈尊と波斯匿王との出会いから辿るヴェーダの宗教

(1) Sanskrit: Jeta, Jetṛ; Pali: Jeta. 第2巻第32講参照。

（2）Sudatta.

（3）Sanskrit: Jetavana-anāthapiṇḍadasyārāma; Pali: Jetavana-anāthapiṇḍikārāma.

（4）『ダハロー（*Daharo, Saṃyutta-Nikāya* i. 68.3-70.13）』。

（5）アヌッタラー　サムヤクサンボーディ（Sanskrit: anuttarā samyaksaṃbodhi; Pali: anuttarā sammāsambodhi）。音写語が「阿耨多羅三藐三菩提（あのくたらさんみゃくさんぼだい）」。

（6）Pali: Gotama; Sanskrit: Gautama.

（7）チャクラヴァルティン（Sanskrit: cakravartin; Pali: cakkavattin）。

（8）Sanskrit: śramaṇa; Pali samaṇa.　在家の宗教家がバラモン（brāhmaṇa）である。

（9）Sanskrit: Pūraṇa-Kāśyapa.　パーリ語では「プーラナ・カッサパ（Pali: Pūraṇa-Kassapa）」。

（10）Sanskrit: Maskarī Gosālīputra, Maskarī Gośālīputra.　サンスクリット表記の「マスカリー」は後ろに語が続くときのかたちで、単体で用いる場合は「マスカリン（Maskarin）」となる。パーリ語では「マッカリ・ゴーサーラ（Pali: Makkhali Gosāla）」。

（11）Sanskrit: Nirgrantha-Jñātaputra.　パーリ語では「ニガンタ・ナータプッタ（Pali: Nigaṇṭha-Nātaputta）」。

（12）Sanskrit: Sañjaya-Vairaṭīputra.　パーリ語では「サンジャヤ・ベーラッティプッタ（Pali: Sañjaya-Belaṭṭhiputta）」。

（13）Sanskrit: Kakuda-Kātyāyana.　パーリ語では「パクダ・カッチャーヤナ（Pali: Pakudha-Kaccāyana）」。

（14）Sanskrit: Ajita-Keśakambala.　パーリ語では「アジタ・ケーサカンバリン（Pali: Ajita-Kesakambalin）」。

(15) Mādhava.

(16)『サルヴァダルシャナサングラハ（*Sarvadarśanasaṃgraha*）』。

(17) 宗教（特にキリスト教）と哲学を分離したヨーロッパとは異なり、インドでは、宗教・思想・哲学を区別することなく、「世界（内的・外的）に対する洞察」という意味で、全てが「ダルシャナ（darśana. 原義は〝見ること〟）」と呼ばれる。

(18) *Vedānta.*

(19) *Upaniṣad.*

(20) 本巻第71講参照。

(21) ヤジュニャ（Sanskrit: yajña; Pali: yañña）。

(22) アヒンサー（ahiṃsā）。

(23) brahman. 原義は「拡張、展開するもの」。「ウパニシャッド」では宇宙の最高原理の位置にまで高められることになる。

(24) brāhmaṇa.

(25) 現行サンスクリット原典では全47願である。

■第70講　仏教が説くべき本当の解脱とは輪廻からの離脱ではない

(1) カルマン（Sanskrit: karman; Pali: kamman）。

（2）サンサーラ（saṃsāra）。
（3）モークシャ（Sanskrit: mokṣa; Pali: mokkha）。
（4）第1巻第20講、第2巻第41、43、46〜48、51、53講など。
（5）本巻「はじめに」、第60講参照。
（6）「ジャイナ教」という呼称に関しては、本巻第74講参照。
（7）第2巻第55講、本巻第68講参照。
（8）アヴァターラ（avatāra）。本巻第68講注（22）参照。
（9）**arhat.**
（10）「ブッダ」はその人が覚りに到達したという点を表現し、「アルハット」はその人が供養や尊敬に値する完成された福田であることを表現したもの。
（11）『サッダルマプンダリーカ（*Saddharmapuṇḍarīka*）』。本巻第60講注（16）参照。
（12）『プラジュニャーパーラミター（*Prajñāpāramitā*）』。
（13）『アシュタサーハスリカー　プラジュニャーパーラミター（*Aṣṭasāsasrikā Prajñāpāramitā*）』。
（14）『ヴィマラキールティニルデーシャ（*Vimalakīrtinirdeśa*）』。「ゆいまぎょう」とも。
（15）エーカヤーナ（ekayāna）。
（16）クマーラジーヴァ（Kumārajīva. 三四四―四一三）。
（17）クシャナ（Sanskrit: kṣaṇa; Pali: khaṇa）。インドにおける時間の最小単位。第2巻第41講参照。

■第71講　インドにおける四姓と四住期と四大目標

（1）upanayana.

（2）brāhmaṇa.

（3）Sanskrit: kṣatriya; Pali: khattiya.

（4）Sanskrit: vaiśya; Pali: vessa.

（5）Sanskrit: śūdra; Pali: sudda.

（6）Sanskrit: varṇa; Pali: vaṇṇa.

（7）dvija.

（8）ekaja.

（9）pañcama.

（10）アーシュラマ（āśrama）。

（11）ブラフマチャリヤ（brahmacarya）。

（12）ガールハスティヤ（gārhasthya）。

（13）ヴァーナプラスタ（vānaprastha）。

（14）サンニャーサ（saṃnyāsa）。

（15）saṃgha.

（16）dharmaśāstra.

（17）『マヌスムリティ（*Manusmṛti*）』、『マーナヴァダルマシャーストラ（*Mānavadharmaśāstra*）』。紀元前二世紀から紀元後二世紀頃に成立。

（18）trivarga.

（19）Sanskrit: śānti; Pali: santi.

■第72講　出家とは家を出ることではなく社会そのものから離れること

（1）FINAL FANTASY（スクウェア・エニックス社）。

（2）仏前結婚式等は除く。

（3）サンディ（saṃdhi）。ある言説に、その文言には表されていない真義が隠されているとき、「その言説にはサンディがある」という。サンディを含む言説は「サンダーバーシュヤ（saṃdhābhāṣya）」などと呼ばれ、代表的な漢訳語は「随宜所説」である。

（4）Sanskrit: sarvasaṃskārā anityāḥ; Pali: sabbasaṃkhārā aniccā.

（5）Sanskrit: Aśoka; Pali: Asoka.

（6）svadharma.

（7）Sanskrit: parivrājaka; Pali: paribbājaka.

■第73講　初期経典も大乗経典もどちらも人々の救済手段である

（1）Sanskrit: stūpa; Pali: thūpa.

（2）*Dīgha-Nikāya*, 3 Vols., London: Pali Text Society.

（3）葬式や年忌法要の際の布施が典型例である。もちろん、インド仏教、日本仏教ともに、現世利益を求めて出家者に布施をする例もある。拙著『葬式仏教正当論』第1章参照。

（4）Prakrit < prākṛta.

（5）『岩波仏教辞典第二版』「教相判釈」より。

（6）Nikāya.「集成」の意。パーリ経蔵は以下の五ニカーヤよりなる。

⑴『ディーガ・ニカーヤ（*Dīgha-Nikāya*. 長部経典、三四経）』。

⑵『マッジマ・ニカーヤ（*Majjhima-Nikāya*. 中部経典、一五二経）』。

⑶『サンユッタ・ニカーヤ（*Saṃyutta-Nikāya*. 相応部経典、二八七五経）』。

⑷『アングッタラ・ニカーヤ（*Aṅguttara-Nikāya*. 増支部経典、二一九八経）』。

⑸『クッダカ・ニカーヤ（*Khuddaka-Nikāya*. 小部経典、一五経）』。

（7）Āgama.「伝承」の意。漢訳経蔵には以下の四阿含がある。

⑴『長(じょう)阿含経』。

⑵『中阿含経』。

⑶『雑(ぞう)阿含経』。

(4)『増一阿含経』。

(8) プラティートゥヤサムットゥパーダ（Sanskrit: pratītyasamutpāda; Pali: paṭiccasamuppāda）。「〔原因に〕縁って起こる」の意。

(9) シューニャター（Sanskrit: śūnyatā; Pali: suññatā）。「あらゆる存在（一切法）は固定的な自性を〕欠いている状態にある」の意。

(10) ヴィジュニャプティマートラター（vijñaptimātratā）。「〔あらゆる存在（一切法）は〕ただ表象としてのみある」の意。

(11)『アビダルマコーシャバーシュヤ（*Abhidharmakośabhāṣya*）』。漢訳は『大正新脩大蔵経』第二十九巻所収、No. 1558.

■第74講　王位を簒奪した阿闍世王はいかにして優婆塞になり得たか

(1) *Sāmaññaphalasutta, Dīgha-Nikāya* i. 47.1-86.8.

(2) 表記はいずれもサンスクリットに基づく。原語表記は本巻第69講注（9）～（14）参照。

(3) 本巻第56講参照。

(4) Sanskrit: Jīvaka-Kumārabhṛtya; Pali: Jīvaka-Komārabhacca.

(5) 第1巻第16講注（1）参照。

■第75講　父王殺害を明らかにした阿闍世に釈尊は何を説いたか

（1）*Saṃghabhedakkhandhaka, Vinaya-piṭaka* ii. 180.3-206.23.
（2）*Sañjīva-jātaka, Jātaka* i. 508.8-511.19.
（3）この事実は、「時代が経るにつれ提婆達多の悪辣性は強調される傾向を示した」こととも整合的である。本巻第61講参照。
（4）ただし本講座ではこの『沙門果経』を、六師外道の教説を知るために用いているため、結論として、現世における阿羅漢果（解脱）の証得が説示されていると述べるにとどめる。

■第76講　どんな現世利益を得られるかという問いに対する業否定論者の答え

（1）Sanskrit: cakra; Pali: cakka. 戦輪。投げつけて相手を殺傷する、円盤状の鋭利な武器。
（2）第1巻第7、27講、第2巻第33〜35、39〜41、43、53、54講、本巻第69講参照。
（3）satyāgraha.
（4）Sanskrit: Avantī; Pali: Avanti.
（5）Sanskrit: Vatsa; Pali: Vaṃsa.
（6）原義は「高貴さは〔同時に義務を果たすことを〕強制する」。
（7）これが「比丘（ビクシュ、Sanskrit: bhikṣu; Pali: bhikkhu）」の原義である。本巻「はじめに」注（22）参照。

■第77講　運命論宿命論の教団の人々がなぜ修行する必要があったのか

（1）ājīvika.

（2）Sanskrit: sattva; Pali: satta. 衆生に関しては本巻第80講参照。

（3）Sanskrit: prāṇa; Pali: pāṇa.

（4）bhūta.

（5）jīva.

（6）niyati.

（7）Sanskrit: kalpa; Pali: kappa.

（8）Brahmā.「ウパニシャッド」における宇宙の最高原理ブラフマン（brahman）を男性神格化したもの。

（9）yojana.

（10）jāti.

（11）密意（サンディ、saṃdhi）については、本巻第72講注（3）参照。

（12）第2巻第30、35、40、42、50講参照。

（13）スィンドゥ（Sindhu）。「インダス」や「インド」という呼称は、スィンドゥの「ペルシャ語を経由したヨーロッパ読み」に由来する。

（14）English: Indo-Aryan.

(15) English: Dravidian.

■第78講　インドの四姓制度は西より侵入したアーリア人がもたらした

(1) English: zebu.
(2) liṅga.
(3) ārya.
(4) Persian: *Avestā*.
(5) Uṣas.
(6) Sūrya.
(7) dāsa. 原義は「敵、悪魔」。
(8) 女性の奴隷は「ダーシー (dāsī)」という。
(9) 各原語表記については、本巻第71講注 (2) ~ (5) 参照。
(10) varṇa.

■第79講　四姓制度の差別を解放する教えがインドで興隆しないわけ

(1) Indra. 本巻第68講参照。
(2) スークタ (sūkta)。原義は「よく語られたもの。美しいことば」。

（3）*Puruṣasūkta.*

（4）puruṣa. 同類語として「マヌシュヤ（manuṣya）」がある。

（5）Agni.「点火する」を意味する英単語「ignite」の語源である。

（6）Mahātmā Gāndhī.

（7）nāstika.

（8）lokāyata.

（9）cārvāka.

（10）通過儀礼（サンスカーラ）については、本巻第71、72講参照。

（11）サラート（Arabic: ṣalāt）。

（12）波羅蜜、布施波羅蜜については、本巻第66講参照。

■第80講　インド人に菜食主義者が多いのはなぜか

（1）jīva.

（2）ātman.

（3）sattva.

（4）gati.

（5）deva.

(6) Sanskrit: manuṣya; Pali manussa.
(7) asura.
(8) Sanskrit: tiryañc, tiryagyoni; Pali: tiracchāna.
(9) Sanskrit: preta; Pali: peta.
(10) naraka.
(11) sugati.
(12) Sanskrit: durgati; Pali: duggati.
(13) インドにおける菜食と肉食(にくじき)については第1巻第26講、第2巻第55講参照。
(14) 現行インド憲法は不可触民カーストへの差別を禁止しているが、現実には厳然として存在している。

■第81講　生まれた者には死は必定であり死んだ者には生が必定である

(1) Greek: Hómēros.
(2) Greek: *Iliás*.
(3) Greek: *Odýsseia*.
(4) *Mahābhārata*.
(5) *Rāmāyaṇa*. 第2巻第34講参照。
(6) Bharata.

(7) Bhārata.

(8) *Bhagavadgītā.*

(9) bhagavat. 語尾の「t」は「gītā」の語頭である「g」が後続するとき「d」に変化し、「バガヴァッド」となる。

(10) Pāṇḍava.

(11) Kaurava.

(12) Kurukṣetra.

(13) Arjuna.

(14) ラタ（ratha)。

(15) Kṛṣṇa. 実は最高神ヴィシュヌ（Viṣṇu）の化身（アヴァターラ、avatāra)。

(16) svadharma.

著者紹介

鈴木 隆泰 *Suzuki Takayasu*

1964（昭和39）年、東京都生まれ。東大工学部・文学部卒、東大大学院人文社会系研究科博士課程中退。東大にて博士（文学）。東大東洋文化研究所助手等を経て現在、山口県立大教授。同大大学院国際文化学研究科長、同大附属図書館長を歴任。2004（平成16）年に日本印度学仏教学会賞を受賞。専門はインド哲学仏教学、インド大乗経典研究。東京都日蓮宗善應院住職。著書『葬式仏教正当論―仏典で実証する』（弊社刊）、『ここにしかない原典最新研究による本当の仏教 第1巻、第2巻』（弊社刊）。

ここにしかない
原典最新研究による 本当の仏教 第3巻

二〇一八年九月五日 第一刷発行

著 者 鈴木 隆泰

発行者 矢澤 澄道

発行所 株式会社 興山舎
東京都港区芝大門一―三―六 〒一〇五―〇〇一二
電話〇三―五四〇二―六六〇一
振替〇〇一九〇―七―七七一三六
http://www.kohzansha.com/

印刷・製本 中央精版印刷 株式会社

ISBN978-4-908027-62-8 C0015
定価はカバーに表示してあります。